アンタゴニズムス

ポピュリズム〈以後〉の民主主義

アンタゴニズムス

Antagonisms

ポピュリズム〈以後〉の民主主義

山本 圭
Kei YAMAMOTO

editorialrepublica
共和国

はじめに――アンタゴニズムの時代

一、……ケンブリッジ・アナリティカ

二〇一六年、ドナルド・トランプが大方の予想を裏切るかたちで大統領選に勝利したことで、共和党の選挙キャンペーンを率いた部署である「プロジェクト・アラモ」、およびこの部署から依頼を受けた英国のデータ分析会社「ケンブリッジ・アナリティカ」の存在に注目が集まった。

ケンブリッジ・アナリティカの役割は、およそ次のようなものであったと言われている。すなわち、二億三千万人ものアメリカ人の個人情報（インターネットの閲覧履歴、購入記録、所得記録、投票記録など）をもとにデータベースを作成し、彼らの投票行動を分析して、説得できそうな有権者や潜在的な支持者を割り出していく。そして、これらをもとに、

個別訪問先や電子メールの配信先、ダイレクトメールやテレビ・コマーシャルのコンテンツについての提案が行なわれるのだ。こうした手法は、英国のブレグジットをめぐっての国民投票のさいにも大きな役割を果たしたというが、ビッグデータの活用は保守陣営にかぎったことではなく、たとえば英労働党のコービン陣営もデータを用いた選挙運動には熱心であるという(1)。

特筆すべきは、フェイスブックをはじめとしたSNSの活用である。ユーザーは利用履歴や関心にもとづいて細分化されており、企業や政党は、効果を最大化できるよう微調整された広告を、狙い撃ちのように配信することができるというわけだ。ユーザーが受け取るメッセージが個別化されたことで犠牲になったのは、ハンナ・アレントが「共通世界」と呼んだ私たちのリアリティである。ジェイミー・バートレットが言うように、「個別化されたメッセージしか受け取れなければ、公開討論が共有できなくなってしまい、何百万という烏合の衆にすぎなくなる」(『操られる民主主義』九四頁)。この政治的帰結は思いのほか深刻である。日本でも、与党支持者と批判者ではそれぞれまったく異なった現実を生きていて、討論はおろかお互いに理解することも難しい状況にあることを持ち出すまでもないだろう。

近年の監視テクノロジー論は、同じような現実を反映している。セキュリティを理由に国家による監視カメラの設置が私たちの自由を危うくすることについてはこれまで広く議論されてきたが、こうした光景もすっかり当たり前になってしまった。しかし、事態はもう少し進行していると考えた方がよさそうだ。デイヴィッド・ライアンが映画『ザ・サークル』を引き合いに出しつつ論じているように、いまや問題なのは監視する国家やビッグブラザーではなく、社会全体に行き渡っている「監視文化」であるという。それは、ドライブレコーダーの記録をせっせと警察やメディアに差し出し、SNSにアップロードする私たちのことだろう(2)。

このような状況において、いまや、あらゆるものが公的な光に曝される態勢にある。このとき危機にあるのは、ジャック・デリダがときおり「秘密」あるいは「秘められたもの」と呼んだ何かだろう。デリダによれば、本質的に万人への公開には向かない「秘められたもの」が存在するし、存在しなければならない。しかし秘密は、それが公的なものではないからといって、私的なものというわけでもない。秘密はリベラルな公／私の区分にはしたがわない。

その秘密は――私はそれを私的とは呼びませんが、公的領域に還元することがで

(1) ジェイミー・バートレット『操られる民主主義――デジタル・テクノロジーはいかにして社会を破壊するか』(秋山勝訳、草思社、二〇一八年)の第三章を参照。なお本書の引用にかんして、邦訳のあるものについては基本的にそれを参照しているが、文脈に合わせて訳を一部変更したところもある。
(2) デイヴィッド・ライアン『監視文化の誕生――社会に監視される時代から、ひとびとが進んで監視する時代へ』(田畑暁生訳)青土社、二〇一九年。

きず、公開することも政治化に委ねることもできないにもかかわらず、この秘密は、それにもとづいて公的領域や政治的なものの領域が存在しうるものであり、開かれているのもそれにもとづくようなものなのです。私が民主主義の問題を再び取り上げようとするのはこの秘密にもとづいたことなのですが、それは公開性としての政治とか民主主義という概念があるからです〔……〕秘められたものは公的領域には到達できないもの、異質なものにとどまると私は信じています。(3)

重要なことは、デリダがこのような秘密、あるいは秘密への権利に、政治への潜勢力を認めていることだ。「この異質性は脱政治化するものではありません。それはむしろ政治化の条件なのです」とあるように、秘密とは、現行の公／私区分では割り切れず、むしろそうした区分それ自体を政治化することがある。もしこのようなデリダの信に反して、公的なものが秘密への権利をいっさい許容せず、この根源的な異質性の場が否定されてしまえば、それは政治の不在と「全体主義的-生成」へと容易につながるにちがいない。(4)

ある意味で、秘密とは主体の欠如のことである。こうした秘密の存在は、つねに権力にとっての関心事であった。守中高明はミシェル・フーコーを参照しつつ、「秘密という心的領域および真実=真理という経験領域の形成が、「告白」という制度の確立と分かちがたい」(5)と指摘している。フーコーは、主体の抱えた秘密を吐き出させる司牧的権力を浮き彫りにしたが、しかし、こんにちのビッグデータとアルゴニズムは、もはやそうした告白のシステムを必要としないだろう。私たちは日々おのれの秘密を吐露し、それらはすべて収集・記録され、検閲されているのだから。

こうした観点からすると、「個人的なことは政治的である」の現代版「日常のなかにも政治はある」ということでは十分ではない。私たちの日常は原初の偶発性が忘却されたものに過ぎず、権力関係は不可視の装いでもってコモンセンスへと沈殿化している。だとすると、問題は依然として日常と非日常のあいだにある。そのため、この境界でこだまする不審なメッセージに耳を傾ける必要がある。日常にノイズを挿入し、非日常の気配を告げるもの、それこそまさに本書の主題〈アンタゴニズム〉にほかならない。

(3) ジャック・デリダ「脱構築とプラグマティズムについての考察」シャンタル・ムフ編『脱構築とプラグマティズム――来たるべき民主主義』(青木隆嘉訳) 法政大学出版局、二〇〇二年、一五四‐一五五頁。

(4) ほかのところでは、以下のように述べられている。「わたしには秘密への嗜好があります。これはもちろん、無‐帰属と隣り合わせです。わたしは、たとえば政治的空間のような、秘密に場を譲ることのない公的空間を前にすると不安や恐れの感情を抱きます。わたしにとって、全員をその公的空間に集めることを各自に要請し、心の奥底というものを存在させないように各自に要請すること、それは、直ちに民主政の「全体主義的‐生成」へとつながります。〔……〕秘密への権利を維持しない限り、人は全体主義的な空間にいることになるのです。」ブノワ・ペータース『デリダ伝』(原宏之+大森晋輔訳) 白水社、二〇一四年、六九八頁。

(5) 守中高明『ジャック・デリダと精神分析――耳・秘密・灰 そして主権』岩波書店、二〇一六年、六一一頁。

二、……………アンタゴニズムの時代

批判にとっては厳しい時代である。フーコーは、一九七八年にフランス哲学協会で行なった講演において、批判を統治の技術と絡めて省察している。そこでフーコーは、〈批判的な態度〉について「この統治の技術を警戒し、これを拒否し、これを制限し、その適切な大きさを決定し、これを変革し、この統治の技術の適用を免れる方法として生まれたのでしょう」[6]と述べ、批判的な態度を〈統治されないための技術〉と定義している。批判が統治から逃れるための、不服従を求める技術にほかならないとすれば、批判は統治からの一定程度の距離を必要とするだろう。しかし、すべてが不意に可視化される時代、秘密の禁止は、批判の潜勢力を必定鈍らせ、批判は沈黙せざるをえない。じっさい日本では、野党による国会追及にせよ路上での抗議運動にせよ、批判し対立することは、ネット上に溢れかえる罵詈や雑言と大差ないものとして処理され、場合によっては処分を受ける。選挙で「批判なき政治」を高らかに唱えた政治家もいれば、批判することを疑う態度が大学の広告になる。芸術は公共にとって不愉快なものであれば、公的な助成から除外されてもかまわない……。共感にせよ、寛容にせよ、包摂にせよ、無条件の肯定がよしとされる、そのような知的かつ政治的環境を私たちは生きている。

とはいえ、批判や対立が忌避されるからといって、「否定的なもの」が存在しないわ

けではない。むしろそれらは抑制されるうちに凝縮され、ときに思わぬ仕方で回帰することがある。欧米や南米のほか、さらには日本でもポピュリズムが台頭していることはその一例であろう。これらは代議制民主主義を中心とする従来の政治空間への深刻な挑戦である。マイノリティに排外主義的な態度をとり、分断と憎悪を煽る右派的な言説が一定の影響力を持ってしまうのは、政治的情念の受け皿の不在を示すものだ。

しかし、行き場のない感情的なくすぶりが、平等と公正さへの要求として現れることもある。エリートやテクノクラシーによる少数者支配を批判し、反-緊縮や気候正義を訴える「左派ポピュリズム」と呼ばれる勢力がそれである。いっときの勢いを失ったとはいえ、シリザやポデモス、不服従のフランスのディスコースは、排外主義とは異なる仕方で人々の諸要求を節合しているし、アメリカのバーニー・サンダースにも注目が集まっている。こうした動向のなかで、これまで左派リベラルの関心から抜け落ちてきた経済や貧困、そしてエコロジーといった問題が、あらためて喫緊の課題として再発見されている。

ここでは二つの否定性を区別しておくことが有益だろう。一方で、現代社会で困難になっているのは、相手を正統な対抗者とみなしたうえで批判を闘わせるアゴニズム（agonism、闘技）である。それはルールを遵守しながら争うゲームに近い。健全なアゴニ

（6）ミシェル・フーコー「批判とは何か――批判と啓蒙」『わたしは花火師です――フーコーは語る』（中山元訳）筑摩書房、二〇〇八年、七七頁。

ズムはイデオロギーや主張を闘わせるための公共空間を必要とするが、自由で開かれた共和主義的な闘技空間はいまやすっかり収縮してしまった。

他方で、そうした象徴化されない文字通りの否定性としてのアンタゴニズム（antagonism、敵対性）が存在する。本書のテーゼのひとつは、現代民主主義の差し迫った問題は熟議でも闘技でもなく、それよりはるかに手前の敵対性《アンタゴニズム》である、というものだ。私たちの現実は、一般にアゴニズムの理論家が唱える楽観とは逆向きの方向に進んでいる。たとえばシャンタル・ムフの理論では、むき出しの敵対性は闘技へと転換され、敵は対抗者として認められることがアゴニズム成立の条件であった。あるいはウィリアム・コノリーは、「闘技的な敬意」や「批判的応答性」をアゴニズムの条件であるとしたが、その見通しは明るいものではない。いまや闘技のための空間は閉じてしまい、対抗者は敵へと、アゴニズムはむき出しのアンタゴニズムへとほどけてしまった。繰り返そう。私たちの問題は、社会契約より以前のアンタゴニズムにある。

ところで、アンタゴニズムとは何か？　それはどのような関係性を表現しているのか？　敵対性についてまとまった考察を残し、政治的な概念にまで洗練させているエルネスト・ラクラウを参照してみよう。それによると注意すべきは、敵対性を単に存在的（ontic）な次元で捉え、それを経験的な対立や諍いと同一視しないことである。彼はあるところでこう述べている。

敵対性ということで、私たちは何を理解しているのか？　私が尋ねているのは、社会にはじっさいにはどのような敵対性が存在しているのか、ということではなく、もっと根本的なことである。すなわち、敵対性とは何か？　それは、社会勢力のあいだのどのような関係を想定しているのか？　これこそ通常、社会学的な研究で見落とされる問いなのである。そのような研究はふつう、現実の「抗争」、「対立」、「闘争」に集中するが、これらのカテゴリーの存在論的な性質について問うことはない。しかし、理論の最前線を前に進めたいのならば、この性質にこそ関心を向ける必要があるのだ[7]。

このような存在論的な関心から、敵対性についてのもっとも簡潔な定式化が得られる。すなわち、「敵対性とはあらゆる客観性の限界である」[8]。すなわち、敵対性とは客観性それ自体の構成を妨げる何かのことにほかならない。しかし、これをシュミット的な友／敵関係のように捉えるべきではない。というのも、それはまたしても存在的な次元で対立を語ることになってしまうからだ。むしろ、ラクラウの敵対性の概念に決定的なことは、それがアイデンティティにとって矛盾する二つの役割を同時に遂行していることに

（7）Ernesto Laclau. *The Rhetorical Foundations of Society*, London: Verso, 2014, p. 102.

（8）エルネスト・ラクラウ『現代革命の新たな考察』（山本圭訳）法政大学出版局、二〇一四年、三六頁。

ある。もう一度、ラクラウを引用しよう。

一方でそれは、対立しているアイデンティティの十全な構成を「ブロック」し、それゆえその偶発性を示すものである。しかし他方ですべてのアイデンティティがそうであるように、この後者のアイデンティティが関係的なものであり、したがってそれに敵対している勢力との関係にとって外的なものでないとすれば、この敵対者はそのアイデンティティの存在条件でもある。(9)

ラクラウは、こうした敵対関係を「構成的外部」と呼んでいる。「構成的外部」とは外部と内部との両義的な関係を示すものであり、敵対的な外部は社会(アイデンティティ)の存在を脅かすと同時に、社会(アイデンティティ)にとって構成的なものでもある。別言すれば、私たちのアイデンティティは敵対する相手によって阻害されているのだが、そのアイデンティティはそうした外部なしには成立しないということだ。

したがって、敵対性は私たちのアイデンティティが根本的に外部に依存していることを示している。そのため、十全なアイデンティティはつねに不可能なものであり、アイデンティティは不完全なものとしてのみ可能である。さらに、オリバー・マーヒャルトがいうように、敵対性の問いはすぐれて近代的なものでもある。つまり、以前は不変的であるとされていた社会的かつ知的な基礎付けが揺らぎ、秩序の偶発性と抗争可能性が可視化された時代にこそ、敵対性の問いは前景化するのだろう[10]。

さて、敵対性の真の政治的意味に最初に気づいたのは、スロヴェニア出身の哲学者スラヴォイ・ジジェクであった。『現代革命の新たな考察』に収められた小論において、ジジェクはこう喝破していた。

『民主主義の革命』の真の功績は、「社会的敵対性」という概念に結晶化されている。つまりあらゆる現実をある種の言語ゲームへと還元してしまうどころか、社会的‐象徴的領野はあるトラウマ的な不可能性をめぐって、象徴化されえない裂け目をめぐって構造化されているというのだ。要するに、ラクラウとムフは、いわば不可能なものとしての現実界というラカン的概念を再発明し、それを社会的、イデオロギー的分析のための道具として有用なものにしているのだ[11]。

ジジェクが敵対性をラカンの現実界と結び付けたように、敵対性は私たちの社会やアイデンティティの根源的な偶発性をあらわにする。そのかぎりで、敵対性とは私たちの

(9) ラクラウ『現代革命の新たな考察』四二頁。
(10) Oliver Marchart, *Thinking Antagonism: Political Ontology After Laclau*, Edinburgh: Edinburgh University Press, 2018, p. 3.
(11) スラヴォイ・ジジェク「言説‐分析を超えて」『現代革命の新たな考察』三六九‐三七〇頁。

日常を不意にかき乱す、根本的に不快なものにちがいない。しかし同時に、この欠如をめぐってのみ主体ないし主体性なるものがかろうじて成立するとすれば、衆目に曝されるこのトラウマ的な核とはまさに、私たちのアイデンティティがそこに拠って立つ「秘密」そのものではないだろうか？

とはいえ、ジジェクの議論は社会的敵対性をあまりに性急にラカン的現実界に近づけ過ぎている。そこで敵対性は、アイデンティティの不可能性を告げる一撃のようなものとして観念されているのだが、じっさいには、このトラウマ的な核は単数ではない。私たちが目撃しているのは、むしろ複数の敵対性、すなわち社会のいたるところで、いたるところから、これまで自明視されていた基礎付けに異議を申し立てる「アンタゴニズムス」にほかならない。

三、……〈公的でないもの〉とラディカル・デモクラシー

こんにち、自由民主主義に対する理論的かつ現実的な敵対性がいたるところで生じている。確かに、自由民主主義は一括りにできるようなカテゴリーでもないし、それが盤石であった試しもない。とはいえ、少なくない人々が憂いているように、私たちの政治的想像力において圧倒的な支配の座を占め続けるそのヘゲモニーは、多少なりとも揺らいでいるように見える。極右的な主張が跋扈し、多元的な競争や交渉を通じた合意形成

が成立しないとなると、民主主義への信頼は損なわれ、しだいに疎まれるようになる。近年、多くのリベラルな研究者らが懸念を示しているのにも理由がある。[12]

しかし、同時にそれは解放や変革のしらせでもある。敵対性を民主主義にとっての不可避の条件と捉えたのは、ほかならぬラディカル・デモクラシーの思想であった。もとよりこの思想は、新自由主義に対抗すべく、社会のさまざまな領域で生起した敵対的な諸要求を節合し、市民社会の活性化と民主主義の根源化を目指すものとして要請されたものだ。合意と参加が支配的なディスコースとなるなか、エルネスト・ラクラウとシャンタル・ムフが持ち込んだ切断は画期的なものであった。彼らが描いたのは、眼前の敵対的な諸要求に鼻をつまんでそれらを迂回するのではなく、むしろそれらに正面から向き合い、民主主義を深化するための一箇の好機とする政治戦略であったのだ。

私たちもまた、自由民主主義への挑戦を単に危機としてだけでなく、民主主義を根源化する機会と捉える見方を共有している。そのため本書では、いわゆる主流の民主主義論では抑圧、出禁、不可視化されてきた〝マイナーなもの〟が検討の対象になるだろう。たとえばそれは、「合理的なアクター」という想定によってはうまく説明できない人間の感情の機微——享楽や嫉妬——のことであり、公共性に相応しくないと長らく考えられてきた私たちの「身体」のことでもある。これらはいずれも公的とも私的とも言

(12) たとえば、ヤシャ・モンク『民主主義を救え!』(吉田徹訳)岩波書店、二〇一九年。

い切れない、いわば公／私の相関関係そのものを問題化する〈公的でないもの〉にとどまっており、いわば公式の民主主義論にとっては異質なもの、秘められたものであったと言ってよい[13]。

いずれにしても、こうした〈公的でないもの〉が、従来の政治的言説に挑戦するものとして現れている。こうした招かれざる侵入と滲出を歓迎できるだろうか。おそらくこれは、ふたたび民主主義の問題である。もう一度デリダを引用してみたい。

民主主義とは、公共空間でイロニーに権利を与えるものでもあるのではないだろうか？　その通り、民主主義は公共空間を、公共空間の公開性を、フィクション、シミュラクル、秘密、文学などと同様に、調子の変化に、イロニーに、権利を与えることによって開くのである。ゆえに民主主義は、公共的なもののうちで公開である公開的ならざるものに、公共的なものと公共的ならざるものとの差異がそこでは決定不可能な限界に留まるような res publica に、公共物に権利を与えることになる[14]。

民主主義とは、異質なものを掃き清めようとするのでなく、雑多な不純さに声を与えることで、来たるべき公共性を開く、そのようなものだろう。つまり、〈公的なもの〉と〈公的でないもの〉がそこでは絶えず混じり合うというわけだ。そのかぎりで、ラディカル・デモクラシーとは、しばしば誤解されるように、自由民主主義の廃棄や克服を目指す政治的立場のことではない。それはむしろ、自由民主主義に寄生しつつ、日常と非日常のあいだ、同質的なものと異質なもののあいだ、あるいは諸制度と異議申し立てのあいだの絶え間ない交渉を可能にするものである。本書はこうした〈公的でないもの〉に一貫して関心を向けており、いうなればそれは「〈公的でないもの〉の政治学」である。

四、……本書の構成

本書の構成を確認しておこう。第一章では、本書が依拠しているポスト・マルクス主義の現代的展開を検討する。ポスト・マルクス主義とマルクス主義との大きな違いとして、「政治的なもの」という概念の有無を挙げることができるが、そうした政治的なものを敵対性として体現する形象として、本章では「ルンペンプロレタリアート」に注目

(13)フェミニズムの議論から、政治思想の歴史が、強固で主権的かつ男性的な政治的主体を想定しながら、依存する存在を公的領域から排除してきたことが告発されている。こうして、従来のリベラルな自由民主主義の公私二元論を問題化するケアの倫理が焦点化されているのも、〈公的でないもの〉の異議申し立ての一例と言えるだろう。岡野八代『フェミニズムの政治学――ケアの倫理をグローバル社会へ』みすず書房、二〇一二年。

(14)ジャック・デリダ『ならず者たち』(鵜飼哲+高橋哲哉訳)みすず書房、二〇一九年、一八三頁。

する。ルンペンプロレタリアートの政治的存在論の検討は、マルクス主義の思想史においてはほとんど周辺的な存在にとどまっていた。しかしポスト・マルクス主義は、この部分をこそ積極的に吸収することで、「政治的なもの」の理論を独自のポピュリズム論へと展開させることに成功したのである。

ポスト・マルクス主義のもう一つの方向性として、精神分析との関係が重要である。第二章では、ラディカル・デモクラシーと精神分析の関係を扱う。この潮流の中心人物のひとり、エルネスト・ラクラウの仕事を時代ごとに並べると、精神分析の影響がしだいに強まっていくのがわかる。シャンタル・ムフとの共著『民主主義の革命』では、ラカン派精神分析の影響は限定的なものであったが、ジジェクの指摘をうけ、現実界、対象aといった概念が彼のプロジェクトに不可欠なものになっていくことがわかる。さらにその後の展開のなかで、幻想、享楽、性別化の式といった諸概念も言説理論に導入されるだろう。本章では、政治理論と精神分析の来たるべき共同関係のための、一箇の系譜学を描き出すつもりである。

第三章は、「嫉妬」という私たちには馴染みのある感情について扱うものだ。この議論は、これまでざっくりと「情念」や「情動」一般として語られることの多かった「感情の政治学」を、より具体的な次元で検討するひとつの試みであると同時に、それは近年しばしば取り沙汰される分析系政治哲学と大陸系政治哲学が同じテーブルに着くための共通の話題でもある。本章では現代政治哲学の最重要人物ジョン・ロールズの嫉妬論を検討し、彼の公正な社会では、嫉妬が適切な位置を与えられていないことを議論したい。くわえてこの感情が、私たちの民主主義においてどのような意味をもちうるかを検討し、嫉妬が民主社会にとって持つ、切っても切れない複雑な関係を明らかにしたい。

第四章は、公共性の概念が検討の中心となる。近年、新自由主義の攻勢のもとで、公共性と民主主義を同一視する論調があるように思われる。しかし、ハンナ・アレントの著作に顕著なように、両者のあいだには不可避のズレがある。これは、アレントの厳格な公/私の区分のためであるが、この区分はまた、彼女の著作を民主主義論として読もうとするアゴニストたちの試みを次々と頓挫させてきた。本章では、アレントが評価することなく政治の領域から切り捨ててしまった「身体」を公共性の問題として再評価したい。近年、身体のポリティクスに注目が集まっていることを踏まえ、ゾーエーの複数性、および「来たるべき公共性」について考察する。

さて、身体の問題はいまや民主主義論においてきわめて重要な問いとなっている。これらの議論は、近年の「アセンブリ（集会）」論との関係でも注目すべきものである。したがって、アセンブリの議論を民主主義との関係で牽引する思想家ジュディス・バトラーについて考察すべきときだろう。第五章では、ジュディス・バトラーの民主主義論が対象になる。バトラーはいたるところで、ラディカル・デモクラシーのプロジェクトへの賛意を示しているが、それがどのようなものなのか、いまいち判然としない。本章では、バトラーの思想には民主主義への複数のチャネルが存在することを明らかにし、その民主主義論を「とりあえずの連帯」として提示することにしたい。

第六章および第七章では、ポピュリズムの問題を扱っている。第六章の課題は、ポピュリズムを、政治的紐帯を構築するための方途として再評価することである。一般にポピュリズムは社会に分断をもたらすものであり、民主主義の腐敗として考えられることが多い。しかしポピュリズムは、ナショナルなものをベースにしない政治的紐帯や社会的紐帯を、新しく創出することがあるのではないか。本章は、ポピュリズムをその蔑視をふくんだまなざしから解放するための試みでもある。

第七章では、そのような政治的紐帯を構築する実践として、近年注目されている「左派ポピュリズム」を議論の俎上にあげる。シャンタル・ムフは『左派ポピュリズムのために』において、右派ポピュリズムと少数者支配に対抗するために、左派もポピュリズム戦略に訴える必要を説いているが、このような左派ポピュリズム論は、民主主義の深化にとってどれくらい有効だろうか。本章では、左派ポピュリズム戦略の可能性をある程度認めたうえで、しかしポピュリズム戦略は一時的かつ暫定的なものであり、そこからはいかなる持続的な政治も考えることができないことを指摘する。左派ポピュリズムでもって、ラディカル・デモクラシー論の終着点とするわけにはいかないのだ。

第八章では、以上の課題に応えるべく、シャンタル・ムフとは逆の方向に進むことになる。すなわち、アゴニズム論から左派ポピュリズムへと移行するムフの道程を逆さにし、しかし彼女とは違った仕方でこれをたどり直すのである。本章ではアゴニズムを、ラディカルな敵対性への感度を担保すると同時に最小限の制度化を受け入れる、ポスト基礎付け主義の民主主義論として再定式化する。これにより、しばしば中途半端なものとしてみなされたアゴニズムの理論に適切な居場所を開いてやることができるかもしれない。これこそが私たちの最後の挑戦となる。

アンタゴニズムス

ポピュリズム〈以後〉の民主主義

目次

第一章
マルクスを別の仕方で相続すること

ポスト・マルクス主義とは何か

一、……………はじめに

「釈明なきポスト・マルクス主義」と題された一箇のテクストがある。一九八五年に刊行された『民主主義の革命 *Hegemony and Socialist Strategy*』に対するノーマン・ジェラスの批判に応えるべく、エルネスト・ラクラウとシャンタル・ムフによって書かれ、一九八七年に『ニュー・レフト・レビュー』誌に発表されたものだ（後に『現代革命の新たな考察』に収録）。このテクストは、ある意味で伝統的なマルクス主義の立場から、ラクラウ＝ムフの理論を「観念論」と斬って捨てるジェラスに対し、みずからの理論的・政治的立場を、「ポスト・マルクス主義」として提示したことで知られている。

とはいえ、この手の話にはほとんどお約束ではあるが、「ポスト・マルクス主義」という呼称は、もともと彼らがすすんで任じたものではなく、いわば他者からの「名付け」であったことに注意しよう。「私たちはこのラベルを発案したわけではない。この表現は、本書〔『民主主義の革命』〕第一版の序論において、（ラベルとしてではなく）若干言及したにすぎなかった」[1]。つまり、『民主主義の革命』刊行の時点で、「ポスト・マルクス主義者」というのは自覚的に取られたポジションではなく、そのかぎりで彼らは、ほとんど偶然的で暴力的な他者からのラベリングを、ある種必然的なものとして引き取ったというわけだ。彼らは「第二版への序文」において、それが正しく理解されるかぎりで、その呼称を引き受けることを認めている。

それがゆえに、このラベルが適切に理解されるならば、私たちはそれに反対しないと言うことができる。この「ポスト・マルクス主義」という表現は、一つの知的伝統を再充当していくプロセスと同時に、その伝統を超え出るプロセスの双方を意味している[2]。

ラカンの鏡像段階論を彷彿とさせる遡及的な引き受けを経て、「ポスト・マルクス主義の観点は〔……〕ここ十年で拡がり始めた歴史的状況において左派の政治的プログラムの再定式化を目論むものにとって不可避の決断[3]」であるとされるようになる。じつは「ポスト・マルクス主義」が抱え込んだ原初の偶発性は、そのマルクス評価に色濃く影を落としている。つまりそこでは、その名が高らかに宣うよりも、マルクスその人に対してはどこかアンビヴァレントな立場を取っているのだ。そもそもラクラウ＝ムフの理論の出発点において換骨奪胎の対象とされたのは、マルクス主義であって、マルクスの思想そのものではなかったことを想起しておこう。その点からすると、あるインタビュアーがラクラウに次のように問うたことは、きわめて象徴的なことであった。すなわち、「あなたはマルクス主義を超えていく必要性を示したけれども、マルクスを超える必要性は示さなかった」[(4)]と。したがってポスト・マルクス主義は、マルクスへの異心の産物ではなく、むしろこれまでとは異なった仕方でマルクスを相続するものであったことを心に留めておくべきである。

ところで「ポスト・マルクス主義」ということで何を意味するかについては、論者によって多少の幅がある。たとえばデイヴィッド・ホワースは、ポスト・マルクス主義を定義する方法を四つ列挙している。それによると、第一は、マルクスの著作に影響を受けた思想や思想家を指す方法であり、第二は、マルクス以後のマルクス主義者たちの著

(1) エルネスト・ラクラウ＋シャンタル・ムフ『民主主義の革命——ヘゲモニーとポスト・マルクス主義』(西永亮＋千葉眞訳) 筑摩書房、二〇一二年、一四頁。
(2) ラクラウ＋ムフ『民主主義の革命』一四頁。
(3) ラクラウ『現代革命の新たな考察』五頁。
(4) ラクラウ『現代革命の新たな考察』二六九頁。

作を示す方法である。(5) しかし、これらのカテゴライズの仕方では、その対象があまりにも広く、分析的な価値はあまりに薄い。そこでホワースが採用している第三、第四の方法は、みずからポスト・マルクス主義であると自認する人々であること、さらに「来たるべきポスト・マルクス主義 a post-Marxism to come」を追い求めるという理想を体現していることである。こうしてホワースは、エルネスト・ラクラウとシャンタル・ムフが「ポスト・マルクス主義」の中心にあるとしている。(6) 私たちもこれに倣い、「ポスト・マルクス主義」ということで、ラクラウ＝ムフの理論的立場およびその周辺の理論的な展開を指すことにする。

二、……………ポスト・マルクス主義の展開

最初に、ポスト・マルクス主義についての簡潔な輪郭を確認しておこう。スチュアート・シムはそれをマルクス主義と対比しながら、次のようにまとめている。少々長くなるが、その特徴を簡潔に提示しているので、まるごと引用しておきたい。

ポスト・マルクス主義は、一般に理論を全体化し、マルクスを神格化し、そして個人をコミュニズムが要求するシステムへと従属させるようなマルクス主義の統制的な側面（特に党のレベルで行使されるもの）を嫌う。彼らは多元主義、差異、権威への

懐疑、政治的自発性、そして新しい社会運動の大義を好む。〔……〕ポスト・マルクス主義は、理論と現実のあいだの懸隔――彼らの目からすればこれがマルクス主義の解放にむけた政治的な主張を台無しにしてしまっているのだが――を架橋しようとすることを断念する。そして、マルクスが本当に言ったこと、あるいは本当に意味していたことは何かといった終わりのない内輪の論議――古典的なマルクス主義者が飽きることなく欲していたもの――に引っぱりこまれることを慎重に避ける。〔……〕ポスト・マルクス主義は幻滅から生まれたのだとしても、正統派マルクス主義の拘束から自由になった政治的未来については、楽観主義を表明することができる。(7)

(5) たとえば、フィリップ・ゴールドスタインは、ポスト・マルクス主義について、アルチュセールとフーコーから叙述を説き起こし、またその潮流にラクラウ＝ムフ、ジュディス・バトラー、ピエール・マシュレなどを含めている。Philip Goldstein, *Post-Marxist Theory: An Introduction* (Albany: State University of New York Press, 2005) を参照。そのほかにも、「その近年の仕事がマルクス主義の問題構成を超えており、マルクス主義への継続的なコミットメントを公にしていないが、マルクス主義を背景にもつことが明らかな著者」を含めているとする論者もいる。具体的にはラクラウ＝ムフのほか、ハーバーマス、オッフェ、ホネット、マニュエル・カステル、レジス・ドゥブレ、ジークムント・バウマンなどが挙げられている。これについては、Göran Therborn, *From Marxism to Post-Marxism?* (London: Verso, 2008, p. 165) を参照されたい。

(6) David Howarth, "Post-Marxism", Adam Lent, (ed.), *New Political Thought: An Introduction*, London: Lawrence & Wishart, 1998, pp. 131-32.

(7) Stuart Sim, *Post-Marxism: An Intellectual History*, London: Routledge, 2000, p. 3.

ここから分かるように、ポスト・マルクス主義はマルクス主義の諸前提を批判することから出発している。正統派のマルクス主義にあった「息の詰まる」ような論争と決別し、そのうえで現行の不平等や支配－被支配関係に挑戦することで、未来の変革へのオプティミズムを表明しているのである。

すでに述べたように、こうした理論的立場が定式化されたのは、ラクラウとムフの共著『民主主義の革命』であった。彼らが問題にしたのは、マルクス主義における本質主義であり、それを脱構築することがポスト・マルクス主義の目的のひとつであるとされたのだ。「現代の諸問題に照らしてマルクス主義理論を再読することは、必然的にその理論の中心的なカテゴリーを脱構築することになる。これがわれわれの「ポスト・マルクス主義」と呼ばれたものである」(8)。ここで本質主義として念頭におかれているのは、労働者階級や前衛党、あるいは経済的土台が中心的役割を果たすといった、業界ではお馴染みの考え方である。ジェイ・ストーンが述べているように、「マルクス主義という言葉で、リベラリズムを拒絶し、革命的な切断を求めつつ全体的な仕方で階級を特権化するようなマルクス主義を意味しているならば、ラクラウ＝ムフのラディカル・デモクラシーの理論は、明らかにポスト・マルクス主義的なものである」(9)。

『民主主義の革命』では、第二インターナショナル期からアルチュセールに至るまでのマルクス主義の系譜が描かれ、それらがいずれも「本質主義の砦」に幽閉されていると批判される。すなわち、それこそマルクス主義における経済決定論、および特権的な変革のエージェントとしての労働者階級という想定にほかならない。これらの本質主義を克服し、そこからマルクス主義の遺産として「ヘゲモニー」の概念を救い出すこと、これが彼らの思想の中心的な課題であった。

さらにポスト・マルクス主義は、「新しい社会運動」に象徴される時代の政治的要請にしたがうものでもあった。当時の左派のあいだで「マルクス主義の危機」が唱えられ、新しい左派の指針を示すことが喫緊の課題として認識されていたなか、ポスト・マルクス主義は、記号論やポスト構造主義的な哲学的潮流の成果を積極的に取り入れることで、古典的なマルクス主義の図式とその限界を乗り越えることをはかった。『民主主義の革命』ではヘゲモニーのほか、言説、等価性と差異の論理、偶発性といった諸概念が導入され、これらは最終的に「ラディカル・デモクラシー」という政治的プロジェクトのもとで織り合わせられる。[10]

さて、『民主主義の革命』以降のポスト・マルクス主義の動向も確認しておきたい。

(8) ラクラウ＋ムフ『民主主義の革命』一四頁。

(9) Jay Stone, "The Phenomenological Roots of the Radical Democracy/Marxism Debate", *Rethinking MARXISM*, Vol.7, No. 1, 1994, p. 112.

(10) ポスト・マルクス主義のメルクマールのひとつは、いうまでもなくその「言説理論 discourse theory」にあるが、本章では紙幅の関係から割愛する。ラクラウ＝ムフ派の言説理論の紹介は多々あるが、近年の理論的展開についてはTomas Marttila, *Post-foundational Discourse Analysis: From Political Difference to Empirical Research* (Palgrave Macmillan, 2016) に詳しい。

特筆すべきは、二〇〇〇年代以降、ラクラウがポピュリズムの理論化にふたたび取り組んだことだろう。すなわち、階級闘争ではなくポピュリズムが、そして労働者階級ではなく政治的プロジェクトの産物としての「人民」が、ラディカル・デモクラシーの担い手として見出されるわけだ。『ポピュリズムの理性』で示されるように、この時期のラクラウの関心は、社会空間内の多様な要求を節合するという『民主主義の革命』的なものよりも、代表＝表象の空間から放擲された異質な人々の異議申し立てを結集し、集合的なアイデンティティとしての人民を構築することに向けられている。そしてポピュリズムを民主主義の腐敗とする趨勢に反対して、むしろポピュリズムなしには、いかなる（ラディカル・）デモクラシーもないことが喝破されるのだ。それによると、デモクラシーは新しい歴史的アクターとしての人民の構成と同義である。さらに、

このポピュリズムという語から、通常一緒に連想されるような侮蔑的な含みを取り去ることができれば、ラディカル・デモクラシーはつねに「ポピュリズム的」である〔……〕[11]

ポピュリズムを民主主義にとって不可欠とみなすラクラウの議論は、最近ではギリシャのシリザ、スペインのポデモスなど、南欧の左派ポピュリズムに影響を与えたことで注目を集めた。

また、近年になると、シャンタル・ムフもこの左派ポピュリズムのプロジェクトに合流している。第七章でも議論するように、九〇年代以降、熟議民主主義やリベラルな平等主義を批判し、政治的なものの再興を、より具体的には政治における左－右の対立の必要性を強調していたムフであったが、最近では、今日の政治情勢を「ポピュリスト・モーメント」と捉え、左派が取るべき方針としてポピュリズムを掲げている。[12] このような理論的方向性は、果たしてこんにち民主主義が直面する苦境への福音となりうるだろうか。これについては、本書の後半であらためて検討することとしよう。[13]

三、〈ポスト革命〉の政治思想？

資本主義の終わりを想像することは、世界の終わりを想像するよりもはるかに難しいといった終末論的な諦念が広がっている。グローバル資本主義のオルタナティヴを提示することが難しくなるにつれて、「革命」という言葉の響きも、どこか白々しいもの

（11）Ernesto Laclau, "The Future of Radical Democracy", Lars Tønder and Lasse Thomassen (eds.), *Radical Democracy: Politics between Abundance and Lack*, Manchester: Manchester University Press, 2005, p. 259.
（12）Chantal Mouffe, *For a Left Populism*, London: Verso, 2018（＝『左派ポピュリズムのために』（山本圭＋塩田潤訳）明石書店、二〇一九年）.
（13）本章で議論したような、マルクス主義の脱構築からポピュリズムまでのラクラウの立場をコンパクトにまとめた論考として、Ernesto Laclau, "Ideology and post-Marxism", *Journal of Political Ideologies*, 11 (2), 2006.

となってしまった。そのためであろうか、この語は近年では紫陽花革命（日本）や雨傘革命（香港）など、より幅広い抵抗運動の文脈で用いられることが珍しくない。ここで「革命」とはもはや、大文字の〈解放〉や体制のラディカルな転換、あるいはハンナ・アレントが言う「自由の創設」などとも違い、人々の不満を強く打ち出した異議申し立て、あるいはラディカル・デモクラシー的な対抗運動を指して言われている。ここには、革命という近代的な概念をめぐる、緩やかではあるが明らかな位相の転換を看取することができるかもしれない。

さて、「革命」ないし「解放」をいかに捉えるか、ここにポスト・マルクス主義とマルクス主義の大きな違いのひとつがある。マルクス主義においてこれらの語は、プロレタリア革命ないし共産主義革命に否応なく連接され、そこで革命の担い手は一箇の階級に見出されてきた。このような前提こそ、ポスト・マルクス主義者らが挑戦し、異議を唱えようとするものである。

たとえば、ラクラウにとって「解放」とは、マルクス主義において想起されるような、社会から権力関係が一掃された自由な社会の到来を意味しない。いかなる権力関係もない透明な社会が可能なのは唯一スピノザ的宇宙においてのみであり、つまるところそれは、神の摂理にしたがう必然的な社会のことだろう。このことから彼は「自由を制限する——権力のような——ものが、自由を可能にするものでもあるというパラドックス」(14)を導いている。すなわち、ラクラウの脱構築的な読解によれば、権力なき社会が自由なき必然的な社会と同義であるとすると、自由を制限する権力こそ、自由の可能性の条件にもなるというわけだ。それゆえ解放もまた、権力の廃絶を目指すものとはなりえない。むしろ「権力は解放の条件である——ヘゲモニーを中心に新たな権力を創り出さない限り、社会の諸力の布置を解放する方法はない」[15]。だからこそ、彼はただ一つの解放ではなく、複数形の解放（Emancipation(s)）について語るのだ[16]。

ところでこの認識は、同じくポスト・マルクス主義的な志向をもつクロード・ルフォールのものでもある。ルフォールにとって「革命」とは単一の中心をもつ「単数形で、定冠詞のついた」ものというよりは、むしろ「複数的革命」と表現すべきものである。大学、工場、街路など、革命の舞台はつねに複数であり、そのかぎりで革命は多元的である。「それゆえ、単に〈下〉が出現するということではないのであり、転覆というイメージはある部分、不適切なものである」[17]。したがって、ポスト・マルクス主義が理論化しようとするものは、権力の奪取や国家の廃絶といった、いわば従来のマルクス

（14）エルネスト・ラクラウ「脱構築・プラグマティズム・ヘゲモニー」シャンタル・ムフ編『脱構築とプラグマティズム——来たるべき民主主義』（青木隆嘉訳）法政大学出版局、二〇〇二年、一〇一頁。
（15）エルネスト・ラクラウ「構造・歴史・政治」ジュディス・バトラー＋エルネスト・ラクラウ＋スラヴォイ・ジジェク『偶発性・ヘゲモニー・普遍性——新しい対抗政治への対話』（竹村和子＋村山敏勝訳）青土社、二〇〇二年、二七七頁。
（16）付言しておけば、ラクラウには「解放を超えて Beyond Emancipation」（*Emancipation(s)*, London: Verso, 1996）という論考があり、ここでもまた従来的な「解放」言説が批判的に分析されている。

主義的な議論とはもはや一線を画している。少し大胆に言えば、私たちはこれを「ポスト〈革命〉の政治思想」と言ってもいいかもしれない。

このような解放＝革命論は、それがかつてのような劇的な大文字の転換を目指さない点で、どこか物足りない、生ぬるいものと見なされるかもしれない——ジジェクやバディウのようなラディカル左派にとってはとりわけそうだろう。しかし他方で、ラクラウないしルフォールにとってこのような解放＝革命とは、ほかならぬ「民主主義革命」のことであり、そうである以上、彼らの議論は「権力の空虚な場」と向き合うなかで、マルクス主義の枠組みから自由に、新しく民主主義を思考するために準備されている。

とはいえ、以上のような本質主義の脱構築が、いわゆる教条的なマルクス主義に向けられたものであることに注意しよう。すでに示唆しておいたように、ラクラウ＝ムフのポスト・マルクス主義において、マルクスその人の評価には両義的なところがある。それはたとえば、マルクス主義の決定論的性格を観念論と断じ、「根源的唯物論《ラディカル・マテリアリズム》」[18]を提起する挑発的なくだりに見出すことができる。

ラクラウ＝ムフの理解では、「概念的に理解できる至高の運動法則が存在している」とする点で、マルクスにはいまだ観念論的なところがある。しかし同時に、「マルクスのなかには観念論から離れようとする明確な運動が存在して」おり、「彼の著作には端緒が、唯物論に向かう運動のほんの端緒がある」という。それが「根源的な関係主義」と呼ばれるものである。この関係主義的な考え方は、いうまでもなく、ラクラウ＝ムフのポスト・マルクス主義の理論的セットのひとつ、「言説理論」に通じている。そして、たとえ「マルクスの根源的な関係主義はすぐさま観念論的な用語へと翻訳されて」しまったとしても、関係主義への端緒をマルクスに看取するその眼差しは、その思想を葬ろうとするものでは明らかにない。[19] 彼らの狙いは、マルクスにあってマルクス主義においてはうまく継承されなかった端緒、この切り先をつかまえて結び直し、そこから新しいつながりを創出することにあったといえる。

四、……ルンペンプロレタリアートとは誰か?

そのほか、ポスト・マルクス主義をマルクス主義から弁別するもっとも重要なメルクマールとして、「政治的なもの」という概念が挙げられる。もとよりこの概念は、現代政治理論において、カール・シュミットやハンナ・アレント、あるいはシェルドン・ウォリンに紐付けて紹介されることが多い。しかし別の文脈からすると「政治的なもの」とは、経済的論理や下部構造に還元されない政治独自の論理を捉えるべく、マルク

(17) クロード・ルフォール『民主主義の発明——全体主義の限界』(渡名喜庸哲ほか訳)勁草書房、二〇一七年、一七〇頁。
(18) この表現はデイヴィッド・ホワースによる。David Howarth, "Post-Marxism", *New Political Thought*, p. 136.
(19) ラクラウ『現代革命の新たな考察』一六七–一七〇頁。

ス主義的なパラダイムを相対化するための、すぐれてイデオロギー的な概念でもあったはずだ。そのためポスト・マルクス主義者らが「政治的なもの」の理論家であったことは偶然ではない。先にも言及したルフォールにとってそれは、「社会を生み出す原理」にかかわるものであったし、それこそマルクスおよびマルクス主義が見落としたものであったとされる。「マルクスに固有なこと〔……〕それは彼が政治的なものを拒否しているということである[20]」とするルフォールの批判は、マルクスおよびマルクス主義にごこまでも手厳しいものだ。

しかしこれをラクラウの視点から見ると、ルフォールとは異なった評価が可能になる。ラクラウは社会的なものと政治的なものを対比しながら次のように述べている。

「客観性」の沈殿化した諸形態は、われわれが「社会的なもの」と呼んでいる領野を形成する。オルタナティブが持つ非決定的な性質と、権力関係を通じたそれらの解消が完全に可視化される敵対性の契機は「政治的なもの」の領野を構成する。[21]

制度化が成功するためには、その起源にある偶発性と創設の暴力が忘却される必要がある。こうして創設されたものは次第に「客観的な」現前性を纏うようになるのであり、これが「沈殿化」と呼ばれる。社会的なものはこの契機に対応している。

他方、ポスト・マルクス主義の図式において「政治的なもの」は、社会的制度化の過程のなかで抑圧されてしまった他の可能性が敵対性として回帰すること、あるいは社会における原初の偶発性が可視化され、沈殿していたものが「再活性化」する契機に相当する。そしてラクラウの場合、このすぐれて反－マルクス主義的な概念を、マルクスその人に認めているように思われるのだ。それではマルクスの思想のごこに、「政治的なもの」を見いだすことができるだろうか。

このことを示すために、古典的であると同時に、なお私たちの思考を刺激して止まないテクスト『ルイ・ボナパルトのブリュメール十八日』を取り上げることにしよう。よく知られているようにこのテクストは、ナポレオンの甥であるということを除きいたって凡庸に過ぎぬボナパルトが、さまざまな対立、すなわち王党派と共和派、ブルジョアジーとプロレタリアート、ブルボンとオルレアンのイザコザのあいだを縫って権力を掌握するまでを描いたものだ。私たちはこのテクストに、階級闘争の「外部」に放擲された歴史の剰余、ひとまとまりの社会集団を形成しない烏合の形象「ルンペンプロレタリアート」についてのある程度まとまった言及を見いだすことができる。

戦後日本でも、ルンペンプロレタリアートこそを革命階級とみなすかどうかについて議論が交わされてきた。とはいえ他方で、幾人かの論者が指摘しているように、「ルン

(20) ルフォール『民主主義の発明』二三頁。
(21) ラクラウ『現代革命の新たな考察』三五頁。

ペンプロレタリアート」という概念は、マルクス＝エンゲルスの著作にしばしば現れるものの、にもかかわらずそれが他のマルクスの重要な諸概念——たとえば、階級闘争、疎外、イデオロギー——などにくらべ、つねにマイナーな位置にとどまってきたことは否定し難い[22]。しかし生産過程の外部に位置取るこの形象は、マルクスの基本的構図に収まらないどころか、それを撹乱するような要素として、奇妙な存在論を提供している。

　ここでは、本章の主題にかかわるかぎりで、ルンペンプロレタリアートとプロレタリアートとの関係を検討しておこう。この区別はマルクスの著作においてさえ、ときに曖昧なものだ。たとえばマルクスが『フランスにおける階級闘争』において、ブルジョアジーがプロレタリアートに対抗して組織した民兵について、「そこで逃げ道は一つしか残っていなかった。それは、プロレタリアの一部分を残りの部分に対立させることであった[23]」と述べている。ここでブルジョアジーに買収され、プロレタリアートに立ちはだかったものこそルンペンプロレタリアートにほかならない。ここでマルクスは、ルンペンプロレタリアートをプロレタリアートの一部とする見方をとっているが、しかしマルクスはすぐさま「彼らの大部分はルンペンプロレタリアートに属していた。それはすべての大都会で産業プロレタリアートとは截然と区別される集団」であるとも言っており、そのためルンペンプロレタリアートがプロレタリアートのなかのいっそう「落ちぶれた部分」であるのか、それともまったく別のカテゴリーなのか、いまひとつ判然としない[24]。

マルクスが金融貴族について言及していることがここでは参考になる。それによると、「金融貴族は、その営利の方法でも享楽でも、ブルジョア社会の上層に再生したルンペンプロレタリアート以外のなにものでもない」[25]。ハル・ドレイパーが指摘しているように、ここでのルンペンプロレタリアートという意味の外延の拡張を、単なる気の利いたメタファーとして捉えるべきではない。ドレイパーによれば、彼がいみじくも「ルンペンブルジョアジー」[26]と呼んだ金融貴族に特徴的なのは、彼らがいかなる生産活動にも従事しない、投機とペテンによって富を得る貪欲な禿鷹であるということなのだ。マルクスが彼らを「ルンペンプロレタリアの生まれ変わり」であると呼ぶのはそのためであり、彼らはいずれも通常のエコノミーから外れた存在である。マルクスが述べているように、この意味で十二月十日会の親玉ボナパルトは、この「カテゴリーならぬカテゴリー」に

(22) トム・ボットモアの次のような記述を参照されたい。「後のマルクス主義者たちもまたルンペンプロレタリアへ時折言及したのも同様の文脈、つまりはファシズムの勃興の分析においてであったが、けれどもその概念は彼らの分析において重要な役割を持ってはいない」(Tom Bottomore, "lumpenproletariat" Tom Bottomore, (ed.), *A Dictionary of Marxist Thought*, Second Edition, Oxford: Blackwell, 1991, p. 327)。
(23)『マルクス＝エンゲルス全集』第七巻（大内兵衛＋細川嘉六訳）大月書店、一九六一年、一二三頁。
(24) Hal Draper, *Karl Marx's Theory of Revolution*, Vol.2: The Politics of Social Classes, Monthly Review Press, 1978, pp.461-62. さらに、Nicholas Thoburn, *Deleuze, Marx and Politics* (London: Routledge, 2003, pp.47-58) をも参照。
(25)『マルクス＝エンゲルス全集』第七巻、一二頁。
(26) Hal Draper, *Karl Marx's Theory of Revolution*, Vol.2, p. 473.

間違いなく属していたのだ。マルクスが述べる「ルンペンプロレタリアートの財政学」とは以下のようなものだ。

金をもらい、金を借りて受け取ること、これこそボナパルトが大衆をおびき寄せられると考えた見通しであった。与え、借りること、高貴なルンペンプロレタリアートも卑しいルンペンプロレタリアートも、ルンペンプロレタリアートの財政学はこれにつきる。(27)

ルンペンプロレタリアートをプロレタリアートから切り分けているものがいまや明らかだろう。ルンペンプロレタリアは、マルクスがときに誤解を与えかねない表現をしているとはいえ、必ずしも一部のプロレタリアートないし「最底辺の」プロレタリアートを意味しない。ドレイパーが正しく指摘しているように、むしろそれは「あらゆる階級のがらくた」、すべての社会的階層の外部に放擲されたアウトサイダー、これこそ「十二月十日会」の正体である。

五、……………ルンペンプロレタリアートと政治的なもの

こうした異質な形象は、政治的なものとどのような関係にあるのだろう。このことを

考察するために、ジェフリー・メールマンの『革命と反復』を参照することができる。メールマンによれば、「書き手としてのマルクスにとっての『ブリュメール十八日』とは、なによりもまず、そのような異質性が、どんな弁証法的全体化にも同化されえないという点において、肯定される場である」(28)という。確かにルンペンプロレタリアートは、諸党派が各々の階級的な利害をめぐって相争う闘争、つまりは階級闘争に直接的には参与しないかぎりで、マルクスの歴史において異質なものに留まっている。しかしメールマンがここに見出したのは、この弁証法が短絡してしまい、「上が下によって――ブルジョアジーがプロレタリアートによって――必然的に転覆されるはずであったのに、これら二つの極はそのまま残り、下よりさらに下に位置するなにものかが奇妙にも〔……〕それも頂点になだれこんできた」歴史のスキャンダルにほかならない。

ひとつの鏡面的な――または可逆的な――関係がひとつの負の電荷をおびた異質な審級によって凌駕されてしまうのであって、この審級は、最初の対立を構成していた極のうちのひとつとの関係においては、それをずらしたり動かしたりした位置にあるのである。ブルジョアジーとプロレタリアートのあいだの弁証法は凍結され

(27) マルクス『ルイ・ボナパルトのブリュメール一八日』(植村邦彦訳)平凡社、二〇〇八年、九三頁。
(28) ジェフリー・メールマン『革命と反復――マルクス/ユゴー/バルザック』(上村忠男+山本伸一訳)太田出版、一九九六年、二三頁。

て、サブ・プロレタリアートに有利な状態が生まれる。プチ・ブルジョアジーの喜劇をプロレタリアートの悲劇に服従させていた関係は、ボナパルティズムの笑劇に場をゆずりわたす。(29)

第三の要素としての異質なもの、メールマンの言葉で言えば「下——よりも——下のもの」が鏡面的な統一性を浸食し、階級闘争という同質的な舞台で繰り広げられる饗宴空間を攪乱する。『ブリュメール十八日』においてその存在が肯定されるのは、この社会の寄生体であり、マルクスもボナパルティズムの滑稽さを終止笑い飛ばしながら、同時にその抗い難い魅力に取り憑かれているようでもある。(30)

ところで、ピーター・スタリィブラスによれば、『ブリュメール十八日』においてマルクスが注意を促しているのは、社会集団が形成されるさいに働く「政治的なもの」の作用であるという。すでに見たように、ルンペンプロレタリアートは、通常の意味では「階級」の体を成していない。しかしスタリィブラスの見立てでは、この「あらゆる階級のがらくた」こそ、経済的なものとは異なる独自のロジックとしての「政治的なもの」の余地を開いている。つまり、エンゲルスがときに危惧していたように、ルンペンプロレタリアートを反－革命的な分子であると一義的に定めることはできない。それは政治的節合のいかんにかかっているのだ。

スタリィブラスはメールマンの分析から多くのことを学ぶことができるとしながらも、

一方でそこに「政治的なもの」への視点が欠けていることを指摘し、そのような視点から同質性と異質性の関係を、メールマンの解釈と対比させるかたちで次のように描いている。

けれども、メールマンが議論しているのは、「どんな弁証法的全体化にも同化されえないという点で肯定され」、鏡面的なエコノミーを破壊する異質性がマルクスのルンペンに見出される、ということであるのに対し、私が提起しようとしているのは、この鏡面性を打ち立てているのはまさにこの種のイマジナリーな異質性にほかならないということである。(31)

メールマンの言うように異質なものとは、同質的な空間を単に外部から撹乱するものではない。スタリィブラスの分析が示そうとするのはむしろ、同質性と異質性の込み入った共犯関係であり、異質なものは同質的な統一体にとって撹乱的であるどころか、構成的でもあるという逆説なのだ。ここで異質なルンペンプロレタリアートは、一箇の

(29) メールマン『革命と反復』二四‐二五頁。
(30) 以上のような、ボナパルティズムをマルクス的歴史観のスキャンダルとする見解を批判したものとしては、植村邦彦『マルクスを読む』(青土社、二〇〇一年)の第一章を参照されたい。
(31) Peter Stallybrass, "Marx and Heterogeneity: Thinking the Lumpenproletariat", *Representations*, No. 31, 1990, p. 82.

社会的階級というよりも、それが下部構造の論理にはしたがわない政治的節合の産物であるという意味で、「政治的なもの」の領域を開いている。国家がある特定の階級的利害の必然的な表現でなく、異質なものとの戯れであるというマルクス理論のスキャンダルこそ、「ルイ・ボナパルトの不快なレッスン」だったのである。

エルネスト・ラクラウはこのスタリィブラスの見解を、つまりルンペンプロレタリアートの異質性が可能にする政治的なものの論理を、その形象をいささかロマン化しながら、彼のポピュリズム論に取り入れている。構造化された社会的土台から外れた異質なものが、雑多な諸要素から「人民」を構築する条件にほかならないとすれば、マルクスのルンペンプロレタリアートこそ、異質なものの恰好の範型《モデル》をなしているというわけだ。それは外部から表象の空間に干渉し、既存の秩序の再節合を引き起こすような野生のアンタゴニズムのことである。

繰り返すが、ルンペンプロレタリアートの政治的存在論の検討は、マルクス主義の思想史においてはほとんど周辺的な存在にとどまっていた。しかしポスト・マルクス主義はこの部分をこそ積極的に吸収することで、政治的なものの理論を独自のポピュリズム論へと展開させることに成功している。別言すると、ポスト・マルクス主義は、マルクス主義とは違う仕方でマルクスの思想を摂取し、そこから新しい系譜を開始させようとしたといえるだろう。

六、ポスト・マルクス主義への批判

このように『民主主義の革命』以降、新たな展開を見せるポスト・マルクス主義であるが、ここでいくつかの批判も紹介しておこう。まず、ポスト・マルクス主義への批判者としては、ノーマン・ジェラスとエレン・ウッドが最初期のものとして有名である。たとえばウッドは『階級からの撤退』[32]のなかで、階級概念を放棄するラクラウ＝ムフの戦略を厳しく問い質している。あるいはより最近になるとスラヴォイ・ジジェクが、やはりラクラウが政治闘争における階級概念の意義を見損なっているとして、それを批判している[33]。『民主主義の革命』の刊行から三十年以上が経過し、当初にもまして経済格差が深刻化するなか、グローバル資本主義への対抗軸として、政治的行為者ないし経済分析のカテゴリーとして「階級」概念を再興すべきかどうかは、今後重要な検討課題であろう。

さて、そのほかの批判としては、ポスト・マルクス主義が経済決定論を批判し、政治的なものの自律性を強調したことと関係している。『民主主義の革命』においてラクラウ＝ムフは、社会空間内のあらゆるアイデンティティが、偶発的な仕方で言説的に構築

(32) Ellen Wood, *The Retreat from Class*, London: Verso, 1986.
(33)『偶発性・ヘゲモニー・普遍性』における一連のやりとりを参照。

されているとし、そこにヘゲモニー的節合の可能性をみたことはすでに述べたとおりである。しかし、ポスト・マルクス主義に本質主義からの離脱を可能にしたこの偶発性のポリティクスは、多くの批判を招くこととなった。たとえば、比較的近年のものでいえば、ペリー・アンダーソンが次のように述べている。

結果として、諸概念や諸要求は社会的－経済的な係留から完全に切り離されることとなり、それらは原則として、いかなるエージェンシーにも、いかなる政治構築にも充当されることができるようになる。本質的には、節合の範囲にはいかなる限界もない。すべては偶発的なのである。(34)

ラクラウには、さまざまな政治現象に自身のヘゲモニー論を当てはめて説明する傾向があり、彼の著作に具体的な情勢分析が欠けていることは否めない。そのため、「マルクスがフランスについて、レーニンがロシアについて、毛沢東が中国について示したようなキメの細かい分析は必要ない――実際には不可能？」と揶揄される始末である。この点、具体的な分析からたえず新たな戦略を提示するネグリ＝ハートの著作に比べると、やはり弱点であるといわざるをえない。

また、政治的なものの自律性や政治アクターのアイデンティティを議論の主軸にしたことは、その必然的な裏返しとして経済分析の空白をもたらすこととなった。たとえばある論者たちは次のように指摘している。

〔……〕ラクラウによるマルクス主義的伝統の見事な脱構築、およびその重要な諸概念は、彼がマルクス主義の経済的な諸カテゴリーを再構築することなく放置したことで、不完全なものに終わってしまった。私たちの考えでは、彼の仕事のなかでマルクス主義政治経済学が消えてしまったのはこの見落としのためである。(35)

ラクラウ＝ムフの議論に、経済分析が欠落していることは、以前から指摘されてきたところである。そのため、政治的なものの優位性により、経済的なものを回避したポスト・マルクス主義の未来は、たんに「反緊縮」を唱えることを超えて、明確な経済分析とその展望を提示できるかにかかっているといえるだろう。(36)

このことは、近年日本の文脈に引き寄せて、ポスト・マルクス主義がしばしば「政治

(34) Perry Anderson "The Heirs of Gramsci", *New Left Review*, 100, 2016, p. 81.
(35) Ceren Özselçuk and Yahya M Madra, "Psychoanalysis and Marxism: From Capitalist-All to Communist Non-All", *Psychoanalysis, Culture & Society*, Vol. 10, Issue 1, 2005, p. 80.
(36) ラクラウ＝ムフのプロジェクトに対する、オーソドックスな批判については、Simon Tormey and Jules Townshend, *Key Thinkers from Critical Theory to Post-Marxism*(London: Sage, 2006) の Chap. 4 に要約的にまとめられているので、そちらも参照されたい。

主義」と批判されることとも関係するので、ここで付言しておこう。こうした批判を展開している斎藤幸平によると、「政治主義」とは、「日本版のサンダースやコービンを探し、素晴らしい政策を考えつく識者を見つけ、選挙に勝って新しい法律と制度を施行し、「上からの」制度改革を成し遂げる」、つまり「闘いの主戦場が選挙政治と政策立案になってしまっている」(37)、そうした政治戦略を批判的に表現するものだ。つまり本来であれば、社会運動と政治のボトムアップ的な結び付きこそが不可欠であるのに、いまの日本の政治はそうなっていない、そう斎藤は問題を提起する。社会運動との連携が希薄な政治戦略を「政治主義」と呼ぶことの当否はここでは措こう。さらに、社会運動の重要性にも全面的に賛同する。それでもなお問題に思われるのは、斎藤の図式では〈政治的なもの〉と〈社会的なもの〉の緊張関係が抹消され、前者は後者に飲み込まれ、彼の図式においては矛盾のない調和のようなものが目指されているということだ。

斎藤の関心は、マルクスの思想からアクチュアルなエコロジー論を引き出すことにある(38)。その道程で、人間と大地との本源的統一であるとか、社会運動と政治の接続の必要性が語られるのだが、その関心の中心には、資本主義を克服するために失われた全体性を回復することがあるように思われる。確かに、エコロジーや社会的生産レベルへの目配りは、まちがいなく民主主義の深化にとって不可欠なものにちがいない。しかし、全体性や同一性の暴力からマルクスを救い出すという、かつてのマルクス主義者らの努力に想いを馳せるとき、あるいは経済主義というくびきから偶発性とヘゲモニーの概念を引き離したポスト・マルクス主義の立場からすれば、これまでの偏り（政治主義）を単にもう一度逆方向にひっくり返すような斎藤のプロジェクトには、いくぶん慎重に構えてしまう。本書で一貫して追究したいのは、社会的生産の重要性を認めつつも、なおそこには回収しきれない政治の過剰さや非合理性なのである。

七、……………「真の」マルクスという幻想を横断すること……

ある人々からすると、ポスト・マルクス主義者が伝統的な〝読み〟に敬意を払おうとしないことは、無節操で恣意的なものに映るにちがいない。しかしこのような態度は、「マルクスが本当に言ったこと、あるいは本当に意味していたことは何かといった終わりのない内輪の論議――古典的なマルクス主義者が飽きることなく欲していたもの――に引っぱりこまれることを慎重に避ける(39)」ためにこそ、要請されたものでもあった。したがって私たちは、「まるで自分たちがマルクスの側にあるように演出し、ウルビ・エト・オルビ〔帝都ローマと属領へ〕のように十年ごとに「真の」マルクスを発見したと公

(37) 齋藤幸平編『未来への大分岐――資本主義の終わりか、人間の終焉か？』集英社新書、二〇一九年、五五頁。
(38) 齋藤幸平『大洪水の前に――マルクスと惑星の物質代謝』堀之内出版、二〇一九年。
(39) Stuart Sim, *Post-Marxism*, p. 3.

言するという、私たちの諸観念をあれこれ異装させる傾向を終わらせる必要があります」[40]というラクラウの言葉を、文字通り受け取る必要があるだろう。

このようなポスト・マルクス主義の視座は、ある意味で、ラディカル・デモクラシーが共同戦線を張ろうとするプラグマティズムのそれでもある。たとえばこのような読みの実践として「階級」の概念を取り上げることができる。先に見たように、ラクラウ＝ムフが階級還元主義を批判し、より多様な諸要求やセクター間の等価性の連鎖を唱えたことに対し、それが「階級からの撤退」であるという批判が繰り返しなされてきた。しかしポスト・マルクス主義は、階級という問題構成を反故にしようとするのではない。むしろそれは、階級概念を歴史化するのであって、そのかぎりでこうした問題の再定式は、階級を中心に組み立てられたマルクスの議論を必ずしも否定するものではない。つまりそれは、階級という問題構成がリアリティをもちにくい社会では、異なった戦略が求められるということなのだ。

「階級闘争」についてのマルクスのビジョンは相対的に正しいもので、彼の時代の社会が概して階級社会であったために、それは社会的現実とかなり一致するものだったのです。しかしながら、一世紀後に私たちが生きている社会は、次第に階級社会ではなくなってきており、〔……〕搾取、敵対性、闘争はありますが、闘争──労働者の闘争も含めて──はますます階級闘争ではなくなってきているのです。[41]

したがって目指されるべきは、真のマルクスを発見し、その意味を確定したり、固定することではない。むしろ「マルクス主義」を「政治的参照点の曖昧な項目としてそれを扱い、その内容や境界、射程などはそのつどの情況において再定義」（前掲『現代革命の新たな考察』三〇三頁）できるように開いておくこと、これこそ「マルクスが本当にいわんとしたこと」という幻想を横断するポスト・マルクス主義に決定的な挙措なのである。

ところで、ある晩年のインタビューにおいて「あなたの著作がポスト・マルクス主義として描写されることに、いまもなお満足でしょうか」と問いかけられたラクラウは、「私はポスト・マルクス主義的な視座を放棄したことは一度もありません」[42]と答えている。とはいえ、本章で議論したように、そのまなざしはつねに同一であったわけではない。たとえば、かつてポスト・マルクス主義の代名詞であったのは「ヘゲモニー」の概念であったが、ポピュリズム論にいたってその中心性は幾分ぼやけてしまい、今度はたとえば「空虚なシニフィアン」や対象aといった精神分析的な諸概念が重要な地位を占めるようになっている。今後はさらに、『新マルクス・エンゲルス全集』（新MEGA）を

(40) ラクラウ『現代革命の新たな考察』二七一頁。
(41) ラクラウ『現代革命の新たな考察』二四七頁。
(42) "An Interview with Ernesto Laclau: Questions from David Howarth", David Howarth (ed.), *Ernesto Laclau: Post-Marxism, Populism and Critique*, London: Routledge, 2015, p. 258.

踏まえた現代マルクス研究の展開とどのような対話と対立が生まれるのかが、興味深い論点になるだろう。

最後に、本章で私たちは、ポスト・マルクス主義を「〈ポスト革命〉の政治思想」と呼んだ。しかしポスト・マルクス主義が大文字の〈革命〉に言及しないからといって、それが変革のための理論であることを放棄したわけではもちろんない。彼らにとって「革命」とは、何にもまして「民主主義革命」のことであろう。この革命はしかし、権力を廃絶するような、あるいは社会を完全に縫合するような、敵対性なきユートピアを約束するようなものではない。ラクラウ＝ムフが述べているように、

このことはまた、民主主義的闘争の拡張と根源化には、十全に解放された社会を達成するという最終的な到達点がないということだ。つねに敵対性と闘争、そして社会的なものの部分的な不透明性があるだろう。透明で同質的な社会という神話――それは政治の終焉のことである――は、断固として放棄されねばならないのだ。[43]

このように、ポスト・マルクス主義の革命論に特徴的なことは、それが私たちの有限性と社会の不透明性を前提するところにある。「不完全性と暫定性が民主主義の本質にある[44]」とも言われるように、民主主義革命は逆説的にもその最終的な到達点を断念することによってのみ、整合的でありうるのだ。そしてこのような不断の闘いにむけた意志

のオプティミズムこそ、ポスト・マルクス主義をこんにちの情勢に対応しうる粘り強い変革のための理論にしているのである。

(43) ラクラウ『現代革命の新たな考察』一九八頁。
(44) Ernesto Laclau, *Emancipation(s)*, p. 16.

第一二章　政治と精神分析の未来

一、……………はじめに

かつて、精神分析がマルクス主義寄りの政治・社会理論と連携した時代があった。そこで精神分析は、革命の〝客観的な〟諸条件が整っているにもかかわらず、それがいまだ到来しないもっともらしい理由付けを与えてくれるものとして、はたまた革命の担い手であるはずの人々が進んでファシズムに服従したことを、欲望の次元で理解するためのものとして、つまりはさまざまな〝うまくいかなさ〟を説明する補助的な道具立てとして重宝されてきたのである。(1)

(1) Slavoj Žižek, "Psychoanalysis in Post-Marxism: The Case of Alan Badiou", *The South Atlantic Quarterly*, Spring 1998. Volume: 97, Issue: 2, p.235.

たとえば、有名どころでいえば、フランクフルト学派の業績が真っ先に想起されるだろう。だろう。アドルノらが行なった「権威主義的パーソナリティ」研究は、フロイトに依拠しつつ、どのような人物が反民主主義的なプロパガンダに惹きつけられやすいのか、また反民主主義的な傾向として、どれほど「準備態勢におけるイデオロギー」を備えているのかを分析したし[2]、いっときこの学派の重要人物であったエーリッヒ・フロムも、「ファッシズムがどのようにして偉大な国民を魅惑したのかを理解しようとすれば、われわれはどうしても、心理的要素の役割を認めないわけにはいかない[3]」として、政治分析における精神分析の重要性を誰よりも評価していた。

さらにポール・ロビンソンは、ライヒ、ローハイム、マルクーゼらの著作の中に、「ヨーロッパ社会思想における批判的推進力の相続人、カール・マルクスのあの系譜にぞくする予言者[4]」としてのフロイトを見いだし、ここでフロイト的「性欲のラディカリズム」に革命の推進力を看取したこの著者たちを「フロイト左派」と括っている。また、もう少しあとになると、アルチュセールとラカンの邂逅も思想史上の「事件」として、マルクス主義と精神分析の歴史において特筆に価する。

しかしこんにち、「政治（学）と精神分析の未来」はそう楽観的なものではない。なるほど、政治学分野において、フロイトを援用して政治的リーダーシップを分析したラスウェル政治学や、あるいは投票行動の分析をはじめ政治心理学の種々の潮流において、精神分析は確かに古典的な扱いを受けている。しかし、もとは個人レベルを対象とする精神分析をもちいて社会的な事象を語ることへの疑念と抵抗は、たえずこの種の応用にはつきまとってきた。たとえばハンナ・アレントは精神分析理論を「似非科学」[5]と揶揄しているし、のみならず現実問題として、革命の展望が彼方へと遠ざかったいま、人びとが心の科学に期待するのは、変革にむけた潜勢力を備給することよりも、せいぜいいかにして社員や部下、つまりは労働者をマネジメントするか、あるいは「なんとか心理学に学ぶ」といった通勤途中のここそこで目にする自己啓発の類いといった始末である。[6]

(2)テオドール・アドルノほか『権威主義的パーソナリティ』(田中義久ほか訳)青木書店、一九八〇年。
(3)エーリッヒ・フロム『自由からの逃走』(日高六郎訳)東京創元社、二〇〇九年、一四頁。
(4)ポール・ロビンソン『フロイト左派——ライヒ、ローハイム、マルクーゼ』(平田武靖訳)せりか書房、一九七二年、一四頁。
(5)アレントはここで、ハンス・ブルーメンベルクに依拠しながら、精神分析でしばしば用いられる「氷山の比喩」がいっけん説得的に見えたとしても、その理論には論拠も証明もないと批判している。「このような思弁においては、どんな思弁でも頭の上ででっち上げて、その体系的な構成のなかではいかなるデータでも、解釈して適切な位置付けをすることができるということである。」ハンナ・アレント『精神の生活 第一部 思考』(佐藤和夫訳)岩波書店、一九九四年、一三二頁。
(6)アルチュセールはあるところで、精神分析が社会適応のための技術、つまりは自己啓発のような〝商売〟になっていることを批判している。「産業、商業、政治、軍隊などの世界で「心理学」や「社会学」が、現在、その手の需要対象となっているのは、まったく明らかなことに、或る種の誘導のための、或る種の目的のための、ゆえに或る種の特定の利害のための、達成手段としてである」。そしてアルチュセールにとって、そのような実用的な商品となった学問の正体を暴くその人こそ、ほかならぬラカンであった。ルイ・アルチュセール『マキャヴェリの孤独』(福井和美訳)藤原書店、二〇〇一年、六九-七〇頁。

とはいえ、「個人心理学は、最初から同時にひろい意味での、いやむしろまったく正当な意味での社会心理学なのである」(7)と述べたかつてのフロイトに応えるかのように、精神分析の理論を社会分析に応用する、いくつかの注目すべき試みを見出すこともできる。たとえば、スラヴォイ・ジジェクの一連の仕事は、現代のイデオロギー分析にとってのラカン派精神分析の有用性を十分に示しているし、あるいは「現代ラカン派」と呼ばれる昨今の潮流においては、レイシズムの問題をはじめ、現代社会に介入するような政治的言説が存在感を増している(8)。

これらの動向のなかで、ラディカル・デモクラシーの思想は、政治と精神分析の未来を検討する試金石として位置付けることができる。革命への展望がリアリティを失ったあと、変革の希望を引き取ったもののひとつは民主主義の思想であったが、なかでも自由民主主義の諸問題を批判的に検討し、その根源化を唱えたラディカル・デモクラシーの思想は、ラカン派の精神分析を熱心に取り入れることで、政治と精神分析についてのひとつの展望を示しているように思われる。たとえばこの潮流の中心人物であるエルネスト・ラクラウは、マルクス主義と精神分析にかんして、「両者の比較が意味を成すための新しい領域を構築する」という課題に応えるものとして「ポスト・マルクス主義」を構想していた。そのうえで「(ポスト)マルクス主義と精神分析のありうべき合流の方向と方法」は、次のようなものであると予告されている。

それは後者〔＝精神分析〕が前者〔＝マルクス主義〕を補完するという追加的なものでなく、また新たな因果的要素——経済に代わる無意識的なもの——を導入することでもなく、不均衡性と転位のロジックとしてのシニフィアンのロジックを中心に二つを一致させること、そして不均衡性と転位のロジックがあらゆるアイデンティティ構成の可能性／不可能性を統括するロジックであることにもとづく一致なのである。(9)

このように、精神分析はポスト・マルクス主義、ひいてはラディカル・デモクラシーのプロジェクトにとって重要な意味をもっていることがわかる。じっさい、これから議論するように、シャンタル・ムフとの共著『民主主義の革命』以降、ラクラウのラディカル・デモクラシーの理論は精神分析への傾倒を強めてきた。にもかかわらず、日本でラディカル・デモクラシーが語られるさい、この側面がオミットされるか、あるいは少なくとも十分な検討に付されてこなかったように思われる。そこで本章では、この引き合わせのプログラムがどのような経緯をたどったのかを検討し、そこから現代民主主義

(7) フロイト「集団心理学と自我の分析」『フロイト著作集 六』人文書院、一九七〇年、一九五頁。
(8) 現代ラカン派の政治的言説については、松本卓也『享楽社会論——現代ラカン派の展開』(人文書院、二〇一八年)、とりわけ第三部を参照。
(9) ラクラウ『現代革命の新たな考察』一四八頁。

論における精神分析の意義について考察することとしたい。おそらくそれは、啓蒙的な民主主義論が宿命的に抱えもつ不条理を浮き彫りにするものになるだろう。

二……ラディカル・デモクラシー論と精神分析の軌跡

本節では、エルネスト・ラクラウの著作をおおまかに年代順に分けつつ、それぞれの段階で精神分析がどのように位置付けられているかを確認する。

1　縫合・クッションの綴じ目・現実界

まず、一九七〇年代の代表作『マルクス主義における政治とイデオロギー』を簡単に振り返っておこう。ここでラクラウは、社会的諸階級がみずからの階級的審問に人民＝民主主義的審問を節合し、その利害や価値観に合うよう社会を変革する展望について議論していた。この段階において、精神分析の出番はほぼないといっていい。ポスト・マルクス主義が精神分析との邂逅の産物であったと解するならば、ここではいまだポスト・マルクス主義的な問題構成には至っていない。じっさい、ラクラウがのちに自己批判しているように、この時点での議論は「階級」という問題構成に大きく依拠したものであり、のちにマルクス主義を脱構築するべく持ち出された階級還元主義批判はいまだ現れていない。

さて、八〇年代になると、フーコーやデリダらのポスト構造主義に影響を受け、シャンタル・ムフとの共著『民主主義の革命』が発表される。そこで社会空間は言説的な構築物として捉えられ、ヘゲモニー的節合は、結節点を中心にして、不安定な諸要素の意味とアイデンティティを固定化する政治的プロジェクトとなる。さらに、敵対性《アンタゴニズム》の概念がここでは重要である。この著作においては、敵対勢力に対抗し、服従関係を抑圧関係へと変容しながら等価性の連鎖を拡張することが、彼らの目指す「根源的で多元的なデモクラシー」であると定式化されたのである。

この頃には、精神分析の議論はなかば自覚的に導入されている。とはいえ、『民主主義の革命』におけるラカン派への言及は控えめに言って限定的なものだ。まず第二章「ヘゲモニー――新たな政治的論理の困難な出現」では、ジャック＝アラン・ミレールの「縫合」についての比較的長めの注が付されている。この有名な論考においてミレールは、フレーゲを参照しつつ、シニフィアン構造における（欠如としての）主体の機能を析出したが、ラクラウ＝ムフはこの「縫合の論理」をヘゲモニー論に応用するのである。(10)ここは、縫合が持つ二つの運動――欠如と埋め合わせ――について説明する重要な箇所であるから、少々長いが臆することなく引用する。

「縫合」の概念を私たちはしばしば使用していくことになるが、これは精神分析

(10) 上尾真道『ラカン 真理のパトス――一九六〇年代フランス思想と精神分析』人文書院、二〇一七年。

からとられている。その明示的な定式化はジャック＝アラン・ミレールによる〔……〕私たちが縫合の概念を政治の場へ拡張する際に強調しようと試みたいのは、こうした二重の運動なのである。ヘゲモニー実践が縫合的なのは、それが作用する場が、社会的なものの開放性によって規定されている、つまりあらゆるシニフィアンの究極的な非固定性によって規定されている場合である。この当初の〔起源における〕欠如こそ、まさにヘゲモニー実践が埋め合わせようとするものなのである。全体的に縫合された社会とは、この埋め合わせがその究極的な帰結にまで到達した社会、それゆえ、みずからを一つの閉ざされた象徴的秩序の透明性と同一化し遂げた社会であろう。私たちがこれから見るように、社会的なもののそのような閉鎖は不可能である。(11)

この着想は、のちに「社会の不可能性(12)」という言葉で表現されることになるだろう。すなわち、社会を縫合しようとする試みはつねに失敗を宿命づけられているものの、だからといってこの不可能な企てがやむことはない。むしろ、そうした社会の開放性こそ、ヘゲモニー闘争の条件なのである——完全に閉合した社会では、ヘゲモニーを争う余地などないのだから。ヘゲモニーはこのような二重の運動のあいだ、いわば不可能性と必然性のあいだで、かろうじて立ち現われるというわけだ。このような両義性の論理は、これ以後、ラクラウの基本的なアプローチとして、ラディカル・デモクラシー論の根幹を形成することになる。

『民主主義の革命』に話を戻そう。精神分析との関連として次に目につくところでは、浮遊するシニフィアンを固定し、言説空間を閉じる結節点がラカン派の「クッションの綴じ目 *point de capiton*」と言い換えられる、有名な箇所があげられるだろう。とはいえ、彼らの議論がもっとも精神分析に近づくのは、やはり「敵対性」の概念である。ここで敵対性とは、アイデンティティや社会の十全な実定性を不可能にするもの、すなわち「客観性の限界」を構成するものと定義されていた。[13] そして、この概念を精神分析的な概念として再発見した人物こそ、当時よりラクラウの盟友であったジジェクである。[14] ある論考では、『民主主義の革命』を「おそらく現代社会理論におけるもっともラディカ

(11) ラクラウ＋ムフ『民主主義の革命』二〇五-二〇六頁。

(12) ラクラウ『現代革命の新たな考察』第二章を参照。

(13)「敵対性は、客観的関係であるどころか、そこではあらゆる客観性の限界が示される関係にほかならない。〔……〕敵対性は社会の限界を構成し、社会がみずからを完全に構成することの不可能性を示している」(『民主主義の革命』二八二頁)。

(14) ラクラウはジジェクの初期の代表作『イデオロギーの崇高な対象』に寄せた序文(残念ながら日本語版ではカットされてしまっている)のなかで、次のように述べている。「ラディカル・デモクラシーの諸問題に対するスロベニアの理論家たちの関心、および『民主主義の革命』においてシャンタル・ムフと私が「敵対性の構成的性格」と呼んだものをラカン的な現実界に結びつける彼らの努力のおかげで、実りある知的交流の可能性が生まれた」(Ernesto Laclau, "Preface", (translated by Jon Barnes) Slavoj Žižek, *The Sublime Object of Ideology*, London: Verso, 1989, xi-xii)。

ルなブレイクスルー」と評し、敵対性の精神分析的な含意を見出したことは、すでに本書の最初のところで紹介したとおりである。

こうして敵対性は「現実界」の概念と絡まることとなる。「社会の不可能性」を告知する敵対性こそ、まさに象徴界の不可能性をあらわにする現実界に対応するというわけだ。言説理論（ヘゲモニー論）における敵対性の特権的な扱いは後に揺らぐものの、ラクラウはしばらくこの対比を積極的に持ち出し、ラカン派精神分析とみずからの理論の相同的な関係を積極的に主張するだろう。[15]

2　欠如・同一化

さて、九〇年代以降の著作に移ろう。ここでは、依然としてデリダに負うところが大きいものの、ラカン派精神分析の影響が明確に前景化している。その影響がもっとも明白になるのは、主体の概念についてであろう。ここでも最大の貢献は、またしてもジジェクからもたらされた。そして、それはさきの敵対性＝現実界の議論の帰結でもある。すなわち、『民主主義の革命』においては、主体はおもに主体位置として捉えられていたが、ジジェクによれば、このような主体概念は、社会的敵対性のトラウマ的な次元を覆い隠してしまっている。象徴界の失敗というトラウマ的次元を引き受けた主体の概念こそ、「構造の空虚な場」というラカン的な主体概念にほかならない。

この指摘はラクラウにとって相当大きかったようだ。[16] この批判をうけ、主体位置に代えて「欠如の主体」というラカン的主体が導入されることとなり、彼の中心的概念である「ヘゲモニー」もまた、この観点から語り直されることになる。

ヘゲモニー的関係は欠如のカテゴリーを出発点とみなすことでのみ思考可能になるのだ。われわれはラカン派理論のいくつかの中心的概念との関連をはっきりと見ることができるだろう。ヘゲモニー的主体とはシニフィアンの主体であり、この意味においてそれはシニフィエなき主体である。そしてこのシニフィアンのロジックからのみ、そのようなものとしてのヘゲモニー的関係が捉えられるのである。(17)

(15) この対比は、二〇〇〇年に刊行されたバトラーとジジェクとの共著『偶発性・ヘゲモニー・普遍性』にも確認できる。「われわれの敵対性の分析はラカン理論から直接きているわけではないが、かなりの程度ラカンの《現実界》、象徴化に抗う究極の核という考えと重なっている」(一〇六頁)。

(16) あるインタビューにおいて、ラクラウは主体概念の再考にジジェクが果たした役割について答えている。「主体位置の問題はいとも容易く構造主義的言説に回収されてしまいます。というのも、主体位置とは構造内部の客観的な位置であり、為されるべきことはその構造を包括的な全体として描くことであるとも言えるからです。その場合主体の問題は、主体を構造内部で位置づけることへと還元されてしまいます。〔……〕〔ジジェクの〕批判は、私たちが主体と主体位置とを混同しているということであり、一方ラカン的な意味での主体とはつねに欠如の主体であり、——すなわち、構造内のある一点ではなく、そこから同一化が始まる欠如点なのです。」(Lynn Worsham and Gary A.Olson, (eds.), *Race, Rhetoric, and the Postcolonial*, Albany: State University of New York Press, 1999, p.157.)

(17) ラクラウ『現代革命の新たな考察』一四七頁。

さらに別の箇所では、

ラカン理論とヘゲモニーによる政治分析の手法との交換をなりたたせ、実り多いものにする究極の点は、どちらの場合も、あらゆる種類の非固定性、比喩的な転移などが、原初的欠如をめぐって組織されていることである。(18)

こうして主体は欠如の主体、ラクラウの言葉では「決定と決定不可能性の隔たり」とされ、くわえて、この欠如の裏返しとして、「同一化 identification」が第一級の政治的問題として現れることになる。「同一化の必要があるとすれば、それは何よりもアイデンティティがないからである。しかしその場合、私が同一化するものは、その特定の内容だけではなくて、私の欠如した完全性をあらわす一つの形でもあり、私のもともとの欠如の裏返しでもある(19)」。この同一化の論理は、これ以後、空虚なシニフィアンを中心に展開されるポピュリズム論において大きな意味をもつことになるだろう。

とはいえ、ここでもラクラウの議論は両義的であることに注意しよう。同一化を通じて欠如を埋め合わせる試みはつねに不完全なものにとどまるのであり、したがってある箇所でラクラウ＝ザックは次のように述べているのである。「ラクー＝ラバルトが「結局のところどうして同一化の問題が、概して政治の本質的問題であるべきではないのだろうか」と尋ねるとき、私たちは、政治の問題とは同一化ではなく、同一化およびその失敗であると付け加えることもできるだろう」[20]。

3　ラディカルな心的備給・対象a

最後に二〇〇〇年代の著作、とりわけそのポピュリズム論を見ていこう。そこでポピュリズムは、空虚なシニフィアンを中心に、たがいに異質な諸要求およびアイデンティティから、「人民」という集合的アイデンティティを構築するロジックとして再－定式化される。ここでは、精神分析的な語彙として、対象との同一化へと主体を駆り立てるもの、より正確に言えば「ある対象を想像上の充溢性の具象とする」ものとして「ラディカルな心的備給 radical investment」が導入されている。すなわち、ラディカルな備給のおかげで、ある対象は情動の備給先として、さらに欠如を満たす同一化の対象として、神話的な十全性を帯びたものになるということだ[21]。そして重要なことに、ラクラウはこの精神分析的な備給と同一化のロジックを、彼のヘゲモニーの論理と同一視さえ

(18) エルネスト・ラクラウ「アイデンティティとヘゲモニー」『偶発性・ヘゲモニー・普遍性』一〇〇頁。
(19) ラクラウ「脱構築・プラグマティズム・ヘゲモニー」『脱構築とプラグマティズム』一〇八頁。
(20) Ernesto Laclau and Lilian Zac, "Minding the Gap: The Subject of Politics" Ernesto Laclau (ed.), *The Making of Political Identities*, London: Verso, 1994, p. 35.
(21) エルネスト・ラクラウ『ポピュリズムの理性』（澤里岳史＋河村一郎訳）明石書店、二〇一八年、一六〇頁。

しているのだ。

ヘゲモニーを通じる以外に、社会的十全性が達成されることはない。そして、ヘゲモニーは、つねに私たちから逃れ去る十全性の、部分対象における備給以外の何ものでもない。〔……〕対象aの論理とヘゲモニーの論理は単に似ているのではない。端的に同一なのである。[22]

ここでラクラウは、自身のヘゲモニー論を明確に精神分析の用語で語り直している。ラディカルな心的備給こそ、ある個別的な対象を普遍的な次元（対象a）にまで押し上げ、それとの同一化へと主体を駆り立てるのだ。

対象aのロジックはヘゲモニーの理論そのものである。このようなあまりに露骨な言明がある以上、精神分析に言及することなしに、ラディカル・デモクラシーについて議論することは困難になるだろう。それでは、精神分析のこの寄与をどのように評価できるだろうか。たとえば、ジュディス・バトラーは、ラディカル・デモクラシーの精神分析化をもっとも警戒していた人物のひとりであるが[23]、ラクラウは、バトラーに応答するなかで、精神分析の意義を擁護して次のように述べたことがある。

これだけは言っておきたいが、真の差異をもたらす理論的介入は、それが最初に定式化された領域にとどまることはありえない。知の運動のそれまでの場であった存在論的地平の構造を、なんらかのかたちで組み替えるのだ(24)。

しかし、ラクラウによる精神分析の転用をこうしてつぶさに観察してみると、それが欠如の概念を例外として、ほとんどもともとの枠組みを変えることなく行なわれていることがわかるだろう。そのため、この時点においては、精神分析がラディカル・デモクラシーにもたらしたインパクトは、その見た目に比して限定的にも思われる。

だが、精神分析の転用がこれで終わりというわけではない。その問題系を真正面から受けとめ、言説理論のいっそうラディカルな組み替えを行なっているのは、おそらくラクラウ本人よりもその次の世代であるように思われる。ポスト構造主義の諸概念を用い

(22) ラクラウ『ポピュリズムの理性』一六一頁。
(23) 彼女の懸念は次のようなものだ。「ラクラウのなかに見られるラカン的命題――つまり《現実界》を、すべての主体形成の限界点とみなす考え方――は、彼がおこなっている社会や政治の分析と両立しえるのかどうかについては、疑問に思う」(ジュディス・バトラー「普遍なるものの再演」『偶発性・ヘゲモニー・普遍性』四七頁)。つまり、欠如や現実界といった、ある意味で非歴史的なラカン派の見解を応用すれば、主体形成の不完全さが脱政治化されてしまい、ヘゲモニー闘争への一定の歯止めとして機能してしまうのではないか、ということだ。『ジェンダー・トラブル』以来、アイデンティティを撹乱することで、その多様性を確保しようとしていたバトラーにとって、これは当然の懸念であろう。
(24) ラクラウ「アイデンティティとヘゲモニー」『偶発性・ヘゲモニー・普遍性』一〇一頁。

て政治の言説分析（ポスト構造主義的言説分析 Post-structural Discourse Analysis）を行なうグループはしばしば「エセックス学派」[25]とも呼ばれるが、次節ではラクラウ＝ムフ以後のエセックス派の展開を、政治と精神分析を中心に見てみることにしよう。

三、幻想と享楽の政治学

幻想の論理とその横断

ラディカル・デモクラシー論への精神分析の転用は、「エセックス学派」と呼ばれるグループによってさらに進められた。たとえばジェイソン・グリノスとデイヴィッド・ホワースの『社会・政治理論における批判的説明の論理』を取り上げてみよう。同書では、政治体制や社会実践の変化、安定化、持続の説明項として「論理《ロジック》」という概念が掲げられている。同書において、彼らは三つの論理に注目している。まずは「社会的諸実践の様式」を捉える「社会的論理」であり、これは、ある社会領域における諸規則のシステムを探求するものである。彼らの例を引けば、たとえばサッチャリズムの言説は、「市場化」や「権限の集中化」といった社会的論理のネットワークを成しており、ある実践の意味や役割は、そのコンテクストを背景に考察することができるとされる[26]。

社会的論理が諸実践ないし政治体制の共時的な説明であるとすると、「政治的論理」はより通時的な観点から、それらの実践や体制がどのように出現し、変容するのかを捉えるものだ。言い換えればそれは、社会的なものが創設され、ときに挑戦を受け、再創設される動的プロセスを捉えるものである。

この二つの論理にくわえられるのが、「幻想の論理 fantasmatic logics」であり、これは概してイデオロギー的な次元にかかわるものだ。たとえば政治的論理が、いかにして(how)社会的諸実践が現れ、変容するのかを分析するのに対して、幻想の論理はどうして(why)この特定の諸実践や政治体制が主体を「捕える」のか、言い換えれば、社会的諸実践の変化に対する主体の抵抗を説明し、変化がおこる場合でも、そのスピードと方向性などを理解するためのものである(p.145)。いうまでもなく、ここで「幻想」とはラカン派精神分析のタームであり、その役割は社会的現実性の根本的な欠如、偶発性を覆い隠し、変容をもたらしかねないような不和を吸収することである。

幻想の論理の働きにできることは、現実にある根本的な欠如を覆い隠し、私たちが「現実界」と呼んだものを寄せ付けないようにすることで、諸実践の社会的次元を補強することである。この点において、閉合をもたらすことによって、幻想の

(25) Jules Townshend, "Discourse Theory and Political Analysis: A New Paradigm from the Essex School?", *British Journal of Politics and International Relations*, Vol.5, No.1, 2003.
(26) Jason Glynos and David Howarth, *Logics of Critical Explanation in Social and Political Theory*, London: Routledge, 2007, p.137.

論理は主体における空無を「埋め合わせたり」、あるいは「満たしたり」するのに、鍵となる役割を果たしているのだ。[27]

この幻想の論理は、ラクラウ＝ムフの言説理論には、少なくとも明示的な仕方では知られていなかったものだろう。このように、グリノスとホワースは社会・政治分析において三つの論理の働きを析出し、それらを節合することで、ポスト構造主義的な言説分析のアップデートを試みているのである。[28]

グリノスとホワースの議論が、ラカン的な「幻想」の概念を社会科学のメソッドとして導入しているとすれば、「幻想の横断」という〈他者〉の欠如を耐え忍ぶような倫理的態度に着目し、それをラディカル・デモクラシーの議論へと転用したのが、ヤニス・スタヴラカキスである。幻想の横断とは、「主体がトラウマを主体化し、トラウマ的出来事を主体自身で担い、享楽に対する責任を引き受けるプロセス」[29]のことであり、民主主義は、ユートピア的調和という幻想を横断し、社会がどこまでも敵対性に貫かれていることを受け入れ、欠如そのものを制度化しなければならない、スタヴラカキスはそう主張する。

幻想を横断し、欠如を制度化するにあたって、スタヴラカキスはやや性急なことに、「選挙」を「現実界が噴出する特定の契機」としてあげている。「これこそ、民主主義が症候［……］を同一化し、調和に満ちた社会秩序という幻想を横断するひとつの方法である。すなわち、社会的組織化の原理の場所に、欠如を置くことによって」[30]。とはいえ、これはあまりに常識的かつナイーヴな結論ではないだろうか。確かに、選挙は権力や秩序の空白をあらわにするとはいえ、敵対性＝現実界のインパクトを選挙制度に還元してしまうことは、選挙がしばしばスペクタクルと化してしまったポスト・デモクラシー的な状況にあっては、あまりに楽観的にすぎる[31]。

享楽と性別化の式

「幻想の横断」への関心は、スタヴラカキスの次の著作『ラカニアン・レフト』におい

(27) Glynos and Howarth, *Logics of Critical Explanation in Social and Political Theory*, p.146.
(28) 政治学者の田村哲樹は、「論理《ロジック》」にもとづいた「ポスト構造主義的政策分析」を「「政治／政治的なるものの政治理論」の知見に立脚した、経験的分析」と評価し、ここに規範理論と経験的分析の協働可能性を見出している。「観察可能なものと観察不可能なもの——規範・経験の区別の再検討」(『年報政治学』日本政治学会編、二〇一五－I)五三頁。
(29) ブルース・フィンク『後期ラカン入門——ラカン的主体について』(村上靖彦監訳)人文書院、二〇一三年、九八頁。
(30) ヤニス・スタヴラカキス『ラカンと政治的なもの』(有賀誠訳)吉夏社、二〇〇三年、二六七－二六八頁。
(31) なるほど、二〇一六年の米国の大統領選のように、選挙が〈他者〉の欠如を露呈させてしまうことも、もちろんあるだろう。しかし、だからといってこの制度に特権的な役割を与えて満足してしまうのは早計といわざるをえない。私たちがよく知っているように、選挙が現実界の噴出する契機とならず、私たちの知っていることを裏書きすることがほとんどなのだから。

ても持続している。しかしその説明には、二つの点において注目すべき展開が見られる。一つは「享楽」の問題を言説理論に導入していることだ。かねてより、ラクラウ＝ムフの言説理論には享楽の次元が欠けていることが指摘されていた。

> 実のところ、ラクラウの仕事全体からほとんどすっぽりと抜け落ちてしまっているのは、まさに享楽なのである。(32)

なぜ「享楽」の次元が重要になるのか。それは「政治的な敵対性の粘り強さは、私たちが政治的言説の（リビード的、あるいはその他の）備給や享楽の現実界に気づくときにはじめて説明可能になる、ということを精神分析は示唆してくれる」（二三四頁）からにほかならない。これはヘゲモニー論の「形式」の問いから「力」の問いへの移行を示している。すなわち、あらゆる同一化の形式（ヘゲモニー的節合）が、可能性として等しく開かれているわけではなく（これはヘゲモニー論にさんざん向けられてきた規範的な問題である）、問われるべきは、なぜあれでないこの特定の同一化（たとえばネイションや極右ポピュリスト言説への同一化）が強固な粘り強さを見せるのか、あるいは「備給の対象としてうまく機能する言説と、享楽との首尾よい《ヘゲモニックな》相互作用に失敗する言説をいかにして差異化できるだろうか」（一二二頁）ということなのだ。したがって、たとえばナショナリズムの構築的性格を暴くだけでは不十分である。ネイションが備給する享楽の形態、その猥褻な側面をこそ分析は見定める必要がある。

同一化の過程の言説的／記号論的側面に光を当てるだけでは不十分である。ナショナリズムのような言説がもつ全世界的な魅力は、アイデンティティを求める人間の欲望を駆動させ、（ネーション的）享楽との出会いを約束してくれる能力のなかにある。それゆえナショナリズムの研究は、同一化の過程の進行と、その進行のなかで享楽の弁証法［……］が様々なネーションの文脈において上演される方法を強調しなければならないのである。(33)

ナショナリズムの幻想を横断するラディカル・デモクラシーの問いが、享楽の次元を看過できないことは明白である。このような動向をかりに政治理論の「享楽論的転回」と呼びうるとして、享楽の政治学は近年の情動にフォカースする政治理論研究にも重要な視点を提供するものだろう。

とはいえ、享楽の政治学が、すでにジジェクのような論者によって進められてきた路

(32) ヤニス・スタヴラカキス『ラカニアン・レフト――ラカン派精神分析と政治理論』（山本圭＋松本卓也訳）岩波書店、二〇一七年、九一頁。ただし、ラクラウは彼の言説理論にはすでに享楽の概念が含まれていたとし、スタヴラカキスに反論している。その経緯については『ラカニアン・レフト』第二章を参照。
(33) スタヴラカキス『ラカニアン・レフト』二五〇頁。

線であることも確かである。ジジェクは、一九八九年に刊行された『イデオロギーの崇高な対象』においてすでに、イデオロギーを支えているのが、「無意識的かつ前イデオロギー的な享楽の核」であることを鋭く指摘していた。それによると、イデオロギー批判は、イデオロギー的言説の症候的な読解では不十分である。言説分析は、私たちの享楽分析によって補完される必要があるのだ。すなわち、

もう一方の手続きは享楽の核を抽出し、あるイデオロギーがいかにして——意味の領域を超えて、だが同時にそれに内在的に——空想の中に構造化されたイデオロギー的享楽を包含し、操作し、生産するかを、分節表現することを目標とする。(34)

このように享楽の政治学は、それ自体として目新しいものではない。重要かつ論争的なのはむしろ、スタヴラカキスの第二のポイントである。それは、男性的なファルス享楽が政治‐社会にもたらす破滅的な帰結を避けようとするために、もう一つの享楽である「女性の享楽」をラディカル・デモクラシーの方向性として提示していることだ。つまり、男性の享楽が「完全なる享楽という幻想に愛着＝付着したまま」であるのに対し、女性の享楽のモードはすべてではない(not-all)の享楽であり、したがって後者へと移行することで幻想と対象aのロジックを克服し、欠如そのものを享楽する政治の可能性が示される。スタヴラカキスはこう述べている。

〔民主主義的な情念は〕累積や支配、そして幻想を超えた享楽を、すべてではない(not-all)もしくは非‐全体(not-whole)の享楽を動員する。これこそがラカン的方向性なのだ。〔……〕象徴的権威に対する私たちのリビード的、幻想的／症状的な愛着を犠牲にすることによってのみ、〈他者〉における欠如のシニフィアンを享楽することができる。幻想的な対象aを犠牲にすることによってのみ、この他者の享楽は到達可能になるのである。(35)

とはいえ、男性のファルス享楽を放棄し、女性の享楽へ移行すること、スタヴラカキスのこの挙措を手放しで支持できるだろうか。まず指摘しておくべきことは、この戦略が、ラクラウ流のラディカル・デモクラシー、あるいはそこから展開されたポピュリズム戦略とはすでに別物であるということだ。ラカンのシェーマにおいて、男性の論理式が「すべての男性はファルス関数に従う」にくわえ、「ファルス関数に従わない男性が少なくとも一人存在する」であったとすれば、これは、空虚なシニフィアンといういわば原父のような例外を立てることで等価性の連鎖を構築するという、ヘゲモニー論の図式にほかならない。これについては、ラクラウをして、ヘゲモニー論を対象aのロジッ

(34) スラヴォイ・ジジェク『イデオロギーの崇高な対象』(鈴木晶訳)河出書房新社、二〇〇〇年、一九五頁。
(35) スタヴラカキス『ラカニアン・レフト』三四九頁。

クそのものと見るに到らせたことは、私たちがすでに確認したとおりである。

他方で、スタヴラカキスの戦略において、女性の享楽は対象aのロジックを克服するためにこそ導入されているのだが、この路線がラディカル・デモクラシーを深化させる方向性かというと、かなり疑わしいところがある。この疑念は、女性の享楽にかなった社会の事例が検討される段になってますます強くなる。部分享楽による欲望の構造化、この範例をスタヴラカキスは「旧石器時代の共同体」に求めている。マーシャル・サーリンズの議論を参照しつつ彼が見いだすのは、蓄積や剰余への欲望の欠如、さらに不平等や搾取を欠いた社会、またそれゆえに完全に満たされた社会の原風景である。「(部分的な)享楽を完全性と幻想的な欲望の夢から引き放せば、原則的にはもう一つの世界が可能である」(三五一頁)というわけだ。しかしながらジジェクが批判するとおり、このヴィジョンこそ「欠如なき社会」[36]というユートピア的幻想そのものだろう。

四、……人民の享楽とマルチチュードの享楽

ただし、スタヴラカキスに公平であろうとすれば、なるほど、彼は原始社会を理想化しているわけではない。しかし彼が例示する現代の具体的提案(たとえばベーシック・インカムや参加型予算など)をみても、事態が好転するわけではない。ここでの問題は、スタヴラカキスの展望が、彼が繰り返し問題視してきたはずのリベラルな民主主義の理論とあ

まりに容易に合致してしまうことだ。ベーシック・インカムやポルト・アレグレの参加型予算を支持するために、ラカンの性別化の式を持ち出す必要がどこにあるのだろうか。それはすでに、たとえば熟議民主主義において支持されていた方向性ではないだろうか。スタヴラカキスの描く女性の享楽のポリティクスには、(少なくともいっときのあいだ)ラディカル・デモクラシーの代名詞でもあった「敵対性」の契機が取り返しのつかないような仕方で剥がれてしまっている。女性の享楽の政治が、対象aの政治としてのヘゲモニー論を否定し、政治的なものの不在を導くとすれば、女性の享楽をダイレクトに転用するラカニアン・レフトの戦略には、いささか慎重にならざるをえない。

さて、ここにきて私たちにはさしあたり二つのオプションがあることになる。すなわち、ラクラウとともに、男性のファルス享楽に従ったポピュリズム戦略をとるか、あるいは女性の享楽に賭けるスタヴラカキスとともに、リベラルな民主主義にとどまるか。しかし女性の享楽について言えば、スタヴラカキスとは異なった向き合い方がもう一つある。それこそ、晩年のラカンが「白痴の享楽」と呼んだもの、すなわち「精神分析が終結する際に出会われる〈一者〉のシニフィアンS1に刻まれた享楽」[37]であり、これこそ、ファルス体制を逃れた男性が到達しうる女性の享楽にほかならない。じつは、も

(36)スラヴォイ・ジジェク『大義を忘れるな――革命・テロ・反資本主義』(中山徹+鈴木英明訳)青土社、二〇一〇年、四九四頁。
(37)松本卓也『人はみな妄想する――ジャック・ラカンと鑑別診断の思想』青土社、二〇一五年、三五二頁。

ともとラカンはこの享楽を、自慰に耽る男性のようなものとしてそれほど重視していなかった。しかし、のちになってラカンは、この享楽のポジティヴな側面を見出したという。ジャック＝アラン・ミレールは次のように述べている。

この知られざる享楽を垣間見ることをラカンに可能にしたのは、『アンコール』のセミネールにおいて展開された女性のセクシュアリティの研究でした。それ以来、ラカンはその享楽を男性にも見出したのです。いわば、その享楽は、ファルス享楽の空威張りの下で隠されているのです。その享楽は、ファルス享楽を通過しないことを選んだ男性にも明白にあらわれます。(38)

ミレールがこの享楽の例として、禁欲する神秘主義者の男性や文学者ジョイスを挙げているのだが、この享楽のモードにおいて、主体は身体に刻印されたおのれに特異的＝単独的なシニフィアンを反復的に享楽している。したがって、二つの享楽を持つのは女性だけではない。男性もまた非ファルス的な享楽というもう一つの享楽に到達しうる——それが修験者のような、きわめて険しい道であるとしても。

それではラディカル・デモクラシーとの関係で、この男性の非ファルス的享楽をどこに位置付けることができるだろうか。おそらくそれは、ポピュリズム的な「人民の享楽」に対する、場違いな単独性＝特異性を楽しむ《エンジョイする》「マルチチュードの享楽」とでも呼べるものだろう。ここでマルチチュードとは、人民的な統合性に回収されることを峻拒し、おのれの特異性にこだわり続ける政治的主体のありようにほかならない。したがって、ラディカル・デモクラシーにとって、ポピュリズム的享楽（Populist *Jouissance*）だけが唯一の駆動因なのではない。その最中でみずからの特異性＝単独性をも同時に享楽しうるとすれば、ヘゲモニー戦略を手放すことなく、男性のファルス享楽を相対化し、幻想からの最小限の距離を確保することができる。したがってスタヴラカキスのように、男性と女性の享楽を二者択一的に捉え、前者から後者へと一足跳びに移行する必要はない。むしろ二つの享楽を、つまり人民とマルチチュードを往還するような両義的な戦略にこそ、ラディカル・デモクラシーの未来は賭けられているのだろう。

五、……………啓蒙と享楽

本章では、ラディカル・デモクラシー論の展開において、精神分析がどのように位置付けられてきたのか、その軌跡をスケッチしてきた。それによれば、ジジェクの指摘に始まる両者の交流は、縫合の概念や現実界から、欠如、同一化、対象 a を経て、幻想、享楽、そして性別化の式までを参照しながら、じつに実り多いさまざまな洞察を生み出

（38）松本卓也『人はみな妄想する』三五三－三五四頁を参照した。

してきたといえる。しかし享楽を、より一般には非合理な情動のようなものを擁護する議論には、ふたたび疑惑の眼差しがむけられている。望むべくは、デモクラシーはいっそう啓蒙的な主体によって、ますます合理的に行なわれるべきなのだろうか。あるいは、人間的な不条理を踏まえたうえで、それをうまくナッジするよう、環境をデザインするべきなのだろうか。

この点にかんして、アドルノは「死にいたる健康」というアフォリズムにおいて、次のように述べたことがある。

> 今日大勢を占めている文化の精神分析とでもいうものがもし可能であるとすれば、その種の分析の試みは、何はともあれ当代の病気がまさに正常のなかに宿っていることを示さなければならないだろう。身心ともに健康に振舞っている人間に要求されるリビドーの働きは、最深部に及ぶ毀損によらなければなしとげられぬような性質のものである。(39)

この健康と病についての洞察は、ある意味で啓蒙の弁証法そのものにちがいない。たとえばカントにとって、啓蒙とはもちろん「おのれの悟性を用いる勇気を持て!」である。しかし、カントはこう述べたあと、ほどなくして「しかし服従せよ」と付け加えたことを私たちは軽んじてはならない。ジジェクが指摘するように、この否認にも似た即座の反転こそ、啓蒙の病、そのプロジェクトにあらかじめ走った亀裂なのであり、アドルノの箴言は、まるでこの毀損こそが啓蒙そのものの条件であることを証言しているかのようだ。ラカンが定言命法の真理をサドに見出したように、啓蒙は「法は法である」というフラットな（剰余）享楽からどこまでも逃れることができない。

じつはこの点において、こんにちの合理主義のポリティクスは同じ構図を反復している。いわゆる理性的で〝まともな政治〟を求める急先鋒の一人、ジョセフ・ヒースを取り上げてみよう。『啓蒙思想2・0』[40]は、社会心理学や行動経済学などの知見を縦横無尽に援用しながら、「啓蒙」といういっけん古めかしい理念の再生を提言し、多くの読者の獲得に成功した。同書のポイントは「クルージ」の活用にあるのだが、これこそヒースによれば、いわば賢くない自分のために、あらかじめ賢い自分がお膳立てをするための工夫のことである（たとえば、ビールを飲みすぎないよう、決まった本数しか冷蔵庫に入れておかないなど……）。

しかし、その雄弁な具体例、軽妙で洗練された語り口に比して、その帰結はいくぶん控えめなものだ。ここでその「スロー・ポリティクス宣言」の中身を羅列すれば、代表

（39）テオドール・アドルノ『ミニマ・モラリア――傷ついた生活裡の省察』（三光長治訳）法政大学出版局、二〇〇九年、七四頁。
（40）ジョセフ・ヒース『啓蒙思想2・0――政治・経済・生活を正気に戻すために』（栗原百代訳）、NTT出版、二〇一四年。

制、成文法、司法審査制、独立した中央銀行、熟議の質を上げるための二院制といったすでにお馴染みのものから、より踏み込んだ提言としては、政治広告における虚偽の禁止、義務投票制、私たちに即座のリアクションを求めるSNSからの撤退など……。

とはいえ、それが啓蒙思想1・0の産物である自由民主主義の諸制度の追認に終わっているのは、端的に言って、それが啓蒙思想1・0の域を出ていないからである。ヒースの提言は、私たちが即時的な判断をくだしてしまう前に、ほんの少しの理性を働かせるような環境をあらかじめデザインしておくためのものなのだが、しかしつまるところそれは、いわば啓蒙の亀裂をカントとは逆向きになぞるようなものだ。そのスローガンはもちろん「(環境に) 服従せよ、それにしたがって考えろ」となるだろう。ヒースの結論がどこか保守的な響きをもつのはこのためである。

さて、私たちの自由民主主義もまた近代的啓蒙の産物であるとすれば、ここにも当然のごとく亀裂が走っていると考える十分な理由がある。ポピュリズムやポスト・トゥルースが口の端にのぼる昨今、この亀裂はますます無視しえないものになっている。そしておそらく数多ある民主主義の理論のうち、ラディカル・デモクラシーだけが、精神分析の知見を参照することで、この深部の亀裂を覗き込み、その奥底で作用する享楽の猥雑さを聞き取ろうとしたのだろう。その成否は別にしても、この試みは私たちの民主主義の不条理を理解し、それを深化させるよう働きかけるうえで、必然的な方向性を指し示しているのだ。

第三章
嫉妬・正義・民主主義

嫉妬はさまよい歩く情念であって、
街路をうろついて家にじっとしていない

フランシス・ベーコン

一、……はじめに

本章では「嫉妬 envy」という一般には度し難いと考えられている感情と民主主義の関係を検討する。こうした問題関心の遠景には、近年にわかに取り沙汰される分析系政治哲学と大陸系政治哲学の分断（analytical-continental divide）がある。[1] 政治哲学の分析的潮流の代表作、ジョン・ロールズの『正義論』が打ち立てた問題設定や方法論、およびその論証のスタイルは、それまで、とりわけ日本では主流とされてきた政治思想や政治哲学

（1）Clayton Chin and Lasse Thomassen, "Introduction: Analytic, Continental and the question of a bridge", *European Journal of Political Theory*, Vol. 15 (2), 2016. また同号の特集論文を参照のこと。

の語り（それを「大陸系」と総称できるかは措くとして）の常套を戸惑わせ、政治学の方法論的反省と分析的潮流への態度表明を迫っているように思われる。[2] 現在のところ、別箇に発展してきたこれら二つ（あるいはそれ以上）の伝統の関係を再検討し、両者の対話の場をしつらえる模索は始まったばかりである。

また、問題関心の近景としては、合理主義的なパラダイムを反省的に問うた感情と情動をめぐる政治学の興隆がある。情念（passion）の政治的意義にもとづいたシャンタル・ムフの熟議民主主義批判をはじめ、より最近ではマーサ・ヌスバウムが情感（emotions）の政治的役割に注目した議論をしているし、[3] あるいは第二章でも紹介したように、ヤニス・スタヴラカキスがラカン派精神分析の立場から、政治理論に享楽（*jouissance*）の概念を導入しようとつとめている。[4]

この二つの問題関心のあいだ、いわばその中景に「嫉妬」[5] の問題系がぼんやりと現れる。それは、これまでざっくりと「情念」や「情動」一般として語られることの多かった「感情の政治学」を、より具体的な次元で検討するひとつの試みであると同時に、分析系政治哲学と大陸系政治哲学が同じテーブルに着くための共通の話題でもある。くわえてこの感情は、私たちの民主主義を考察するにあたって、おそらくは決定的な意味合いをもっており、近年の欧州や米国におけるポピュリズムの席巻についても、ここに新しく視座をかまえることができれば、異なった検討が可能になるかもしれないのだ。

にもかかわらず、嫉妬という感情は、政治学においてそれほど注目を集めてきたわけではない。それはむしろ、心理学の分野で「シャーデンフロイデ」と合わせて言及されることが多い。(6)この言葉は、「害」を意味する「シャーデン」と「喜び」を意味する「フロイデ」が組み合わさったドイツ語であり、いっときのネット用語で言えば「メシウマ」(「他人の不幸で今日も飯がうまい」の意)、もっと分かりやすい言い方では「他人の不幸は蜜の味」といったところだろう。あるところでニーチェは、こうした感情が「誰もが多くの点で自分の境遇が思わしくないと自覚しているとか、心配や嫉妬や苦痛を持つという事情に由来する」としている。そしてニーチェはこれを、平等の観念と絡めつつ、社会の成立と同じくらい古いものであると示唆している。

かくして、平等を志向する人間の性向がその尺度を幸運と偶然の領域に適用しよ

(2) 政治哲学の分析的潮流の歴史的来歴と方法論的特徴、および現代的展開については井上彰「分析的政治哲学の方法とその擁護」(井上彰+田村哲樹編『政治理論とは何か』風行社、二〇一四年)が参考になる。
(3) Martha C. Nussbaum, *Political Emotions: What Love Matters for Justice*, Cambridge: The Belknap Press of Harvard University Press, 2013.
(4) スタヴラカキス『ラカニアン・レフト』。
(5) 本章では引用に合わせ、嫉妬をときに妬み・怨望・羨望などと互換的に使用しているが、いずれも英語で言うところの"envy"を想定している。
(6) リチャード・H・スミス『シャーデンフロイデ――人の不幸を喜ぶ私たちの闇』(澤田匡人訳)勁草書房、二〇一八年。

うとするわけで、他人の不幸を喜ぶ気持ち（Scadenfreude）は、平等性の勝利と回復についての最も卑俗な表現であり、またこのことはもっと高次な秩序の世界の内部でも同じである。人間が他人のなかに自分と同類の者を認めることを学んで以来はじめて、つまり、社会が建設されて以来はじめて、他人の不幸を喜ぶ気持ちが存在するに至ったわけだ(7)。

しかし、感情の重要性を認識し始めた政治学において、嫉妬やシャーデンフロイデについて、それほど蓄積が進んでいるわけではない。こうした感情について、かつて浩瀚な書物を著したヘルムート・シェックが「今世紀の始まり頃、書き手らがとりわけ社会科学や道徳哲学において、嫉妬の概念をますます抑圧する傾向を見せたことはきわめて興味深い(8)」と述べていた頃と、現在もそう事情は変わらないのである。ジョアン・コプチェクを引用しておけば、「社会学者や政治学者は〔……〕、嫉妬という悪徳と、社会関係へのその有害な影響を、まじめには考察してこなかったのである(9)」。しかし、コプチェクが言葉を継いでいるように、その偉大な例外にはロールズがいる。本章では、嫉妬をめぐるロールズの議論と、おもに分析的な伝統の外部から為された批判を突き合わせ、その噛み合わせを試すことになるだろう。それにくわえ、この感情が民主社会でもつ両義的な役割について考察することにしたい。

二、……嫉妬について

最初に、嫉妬をめぐるいくつかの議論を参照し、この特殊な感情がもつ輪郭を描き出しておこう。まず、アリストテレスは『弁論術』第二巻第十章において次のように述べている。「すなわち、妬みを抱くのは、自分と同じか、同じだと思える者がいる人々である。ところで、同じ人と私が言うのは、家系や血縁関係や年配、人柄、世評、財産などの面で同じような人のことである」(10)。くわえてアリストテレスは、「妬みの対象になる人」をいくつか分類的に論じているが、さしあたりここでは、嫉妬の感情が比較可能な者同士のあいだに生じるということをポイントとして押さえておきたい。自分よりほんの少し待遇の良い隣人を妬むことはあっても、トランプやビル・ゲイツのような大富豪を妬む人は少ない。

さらにアリストテレスによれば、嫉妬は義憤とは区別される。義憤は「不当な好運に

(7)『ニーチェ全集六 人間的、あまりに人間的II』(中島義生訳)筑摩書房、一九九四年、二九二−二九三頁。

(8) Helmut Schoeck, *Envy: A Theory of Social Behavior*, Liberty Fund, 1987 [1969], p. 12.

(9) ジョアン・コプチェク『女なんていないと想像してごらん——倫理と昇華』(鈴木英明+中山徹+村山敏勝訳)河出書房新社、二〇〇四年、二三二頁。

(10) アリストテレス『弁論術』(戸塚七郎訳)岩波書店、一九九二年、二一七頁。

苦痛を覚えること」と理解できるのに対し、妬みは「心の乱れを伴った苦痛であり、好運な状態に向けられるものではあるが、しかしその好運は、それを受けるに値しない者の好運ではなく、自分と同等で似ている者のそれだからである」（二二一頁）。このように、嫉妬を嫉妬たらしめている重要な特徴に、「比較可能性」があることはまちがいない。

ところでこの感情は、通常、きわめてネガティヴに記述される。その最たる例の一つはカントのものだろう。カントにとって「嫉妬とは、他人のさいわいを認めるのに、それによって自分のさいわいがいささかも損なわれるわけでもないのに、苦痛を感ずるという性癖[11]」のことである。つまり、自分が損するわけでもないのに、他人の幸福を耐え難く感じてしまうということだろう。嫉妬は損得計算によっては説明がむずかしい。

さらにジョン・スチュアート・ミルも、嫉妬を「すべての激情の中で最も反社会的なまた最も忌まわしい感情[12]」としているし、これに影響を受けたとされる福澤諭吉もまた『学問のすすめ』第十三編のなかで「凡そ人間に不徳の箇条多しと雖も、その交際に害あるものは怨望より大なるはなし」と厳しく非難している。福澤はここで、いっけん不徳とされるものもまた、その強度とその働きが向かう方向によっては徳にもなりうる（貪吝／節倹、誹謗／弁駁）ことを説いているが、怨望だけはこの両義性の法則にしたがわないという。それは正真正銘の悪徳、「衆悪の母」、「人間最大の禍」であるほかない。

独り働きの素質において全く不徳の一方に偏し、場所にも方向にも拘わらずして

> 不善の不善なる者は怨望の一箇条なり。怨望は働きの陰なるものにて、進んで取ることなく、他の有様に由って我に不平を抱き、我を顧みずして他人に多を求め、その不平を満足せしむるの術は、我を益するに非ずして他人を損ずるに在り。[13]

福澤が怨望をこれほど嫌悪するのは、それが他人を害するのみならず、「世上一般の幸福をば損する」と考えているからである。それは公益に反する。西洋文明との折衝のなかで、日本の独立自尊を思想的に牽引しようとした福澤にとって、この不安定要素の排除は喫緊の課題でもあったろう。この福澤の怨望論については、『学問のすすめ』全十七編のなかで、一つの対象につき、ここまで徹底した批判に終始している編は珍しい。この第十三編が唯一と言ってもよいほどである[14]」と評価されるように、福澤の見方はごこまでもネガティヴなものだ。

とはいえ、嫉妬の感情に何かしらポジティヴなものを見ようとする議論も存在しないでもない。この代表例として、フランシス・ベーコンを取り上げてみよう。まずベーコンが嫉妬を受けやすい人々について、「妬みはつねに自分自身を〔他人と〕比較すること

(11)『カント全集十一 人倫の形而上学』(吉沢伝三郎+尾田幸雄訳)理想社、一九六九年、三八四頁。
(12)J・S・ミル『自由論』(塩尻公明+木村健康訳)岩波書店、一九七一年、一五八頁。
(13)福沢諭吉『学問のすゝめ』岩波書店、一九四二年、一一六頁。
(14)苅部直『歴史という皮膚』岩波書店、二〇一一年、一四七頁。

と関係がある。比較のない所には、妬みもない」[15]と、先のアリストテレスと同様の見解を示していることを確認しておこう。確かにベーコンもまた、嫉妬を「最もいやらしい感情であり、最も愚劣な感情である〔……〕妬みは悪賢く、しかも闇の中で立ち廻り、小麦のような有益なものに害を与える」と、かなり辛口な評価をしている。しかしベーコンの議論には、ささやかながら、「嫉妬の公的な使用」とでも呼びたくなるような効用が存在している。

私的な妬みには何も取柄がないのに、公的な妬みには何かしらためになることがある。公的な妬みは人々が偉くなりすぎると、彼らの名声を失墜させる陶片追放のようなものだからである。したがって、それは偉い人々にとって、彼らを拘束する手綱でもある。[16]

ベーコンによれば、公的な嫉妬は伝染病のように蔓延り、その眼差しがひとたび高級官僚や大臣に向けられると、たとえ彼らがよき行ないをしていたとしても、「それを悪臭を放つものに変えてしまう」。しかし、このような公的な嫉妬が「何かしらためになる」とされているのは、それが結果として過度の不平等を抑止するからだろう。その意味で、ここで古代アテナイにおいて僭主の登場を防止する民主的制度であった陶片追放が引き合いに出されているのは興味深い。

最後に、この問題にかんして、フロイトの洞察をスキップするわけにはいかない。フロイトは「集団心理学と自我の分析」のなかで、「演奏の後で、歌手やピアニストの周囲に群れをなして殺到する魅了された熱狂的な婦人たちや少女たち」の例を挙げている。それによると、彼女たちは我先にとスターとお近付きになることを欲するのだが、いつしか集団として一体化し、みなで平等にスターの存在を共有することを喜ぶようになるという。フロイトはこのような経験的事実を一般化し、次のように述べている。

社会の中に集合精神その他の形で働いているものがあるが、これもまた根源的な嫉妬から発していることは否定しがたい。だれも出しゃばろうとしてはならないし、だれもがおなじであり、おなじものをもたなくてはならない。社会的公正の意味するところは、自分も多くのことを断念するから、他の人々もそれを断念しなければならない、また、おなじことであるが他人もそれを要求することはできない、ということである。(17)

ここで働いているのは「自分が贔屓になれないとすれば、少なくとも皆のうち、だれ

(15)『ベーコン随想集』(渡辺義雄訳)岩波書店、一九八三年、四七頁。
(16)『ベーコン随想集』四九頁。
(17)『フロイト著作集 六』(井村恒郎+小此木啓吾訳)人文書院、一九七〇年、二三四–二三五頁。

一人として贔屓されてはならない」（二三四頁）という、見かけの公正さにはそぐわない真っ黒な感情である。このフロイトの洞察、すなわち社会的公正および平等の観念が嫉妬にもとづいているという洞察は、正義を中心に構想された現代の政治哲学を不安にさせるものだろう。

このように嫉妬は、多くの哲学者や思想家の関心を惹いてきたことがわかる。そしてそのことは、分析系政治哲学と呼ばれる潮流の中心人物であっても例外ではない。したがって次節では、ロールズの嫉妬論を詳細に検討することとしよう。私たちが見るのは、その正義の構想において、この感情を無害化しようと躍起になるロールズの姿である。

三、……………ロールズの嫉妬論

「原初状態」や「無知のヴェール」、あるいは「反照的均衡」と比べるとあまり人目を惹かないものの、ロールズの『正義論』には嫉妬について二つのセクションが割かれている。すなわち、第八〇節「嫉みの問題」および第八一節「嫉みと平等」のことである。本節では、ロールズの公正な社会において、この嫉妬の感情がどのように位置付けられているか、そして正義の構想はこの破滅的な感情をうまくコントロールできるのかを検討することとしよう。

最初にロールズの前提を確認しておこう。ロールズの正義構想において、原初状態にある人々は一貫して合理的であり、特定の心理的性向に惑わされることはない。そのため当初（第一部）、嫉妬はロールズの正義構想からは排除されていた。「本書が設ける特別な想定として、合理的な個人は嫉みに悩まされないというものがある」[18]。このような条件のもとで、原初状態にいる人々は正義の諸原理を選択するだろう、こう推論は進んでいく。

ロールズが排除したものにふたたび向き合うのは『正義論』第三部においてである。ここでロールズはみずからが到達した構想の安定性と実行可能性を、人々の実際の状況にそくして検証する。つまり、確かに正義の諸原理の選択にあって、嫉妬のような「回避されるべきもの、また懸念されるべき心理」が紛れ込むことは望ましくない。しかし、「それでもやはり、そうした性向は現に存在するし、何らかの仕方でそれらは考慮に入れられなければならない」（六九六頁）。したがってロールズのポイントは、嫉妬という特殊な心理を正義論は扱うことができるのか、さらに、それが正義の諸原理（とりわけここでは格差原理）を破壊するほど危険なものになりうるか、ということになるだろう。

さて、第八〇節「嫉みの問題」において、ロールズは嫉みを次のように定義している。

他の人びとがより多くの利益（単数の財）を所持している状態を敵視する――た

(18) ジョン・ロールズ『正義論［改訂版］』（川本隆史＋福間聡＋神島裕子訳）紀伊國屋書店、二〇一〇年、一九三頁。

とえ彼らが私たちよりも幸運であるからといって、私たちの相対的利益が損なわれることがないにもかかわらず――性向として嫉みを考えたい。私たちは自分よりも優位な状況にある人びと〔……〕を嫉み、彼らのより大きな便益を当人から剥奪することを――たとえそうすることによって自分が大切なものを必然的に手放すことになるとしても――厭わない。(19)

しかし看過すべきではないのは、嫉みには「非合理」でない場合があることを、ロールズが認めていることだ。それは確かに悪徳であるが、「時として、嫉みを引き起こす情況がきわめて切迫しており、あるがままの人間として、本人の恨みの感情を克服することを誰にも理にかなっては求められない場合がある。〔……〕こうした苦痛をこうむっている人びとにとっては、嫉みの感情は非合理なものではない」（七〇〇頁）。つまりある人が自尊を傷つけるほどの劣悪な地位におかれている場合、嫉みも致し方ないことがあり、ロールズはこれを「申し訳のたつ嫉み excusable envy」と呼ぶ。したがってロールズの問いは、正義原理を満たす社会が「申し訳のたつ嫉み」を過度に引き起こすかどうかということにセットされる。ひきつづき、ロールズの議論を追いかけていこう。

第八一節「嫉みと平等」におけるロールズの分析では、「敵意に満ちた嫉み」の発生を助長するのは、以下の三つの条件であるという。第一に、「自分たちの自尊が不安定であればあるほど、そして将来の見通しを改善できそうもないとの気持ちが募れば募るほど、より恵まれた人びとのより良好な状況をいっそう嫉む傾向にある」（七〇一－七〇二頁）。そして第二に、自尊や自信の欠如が苦痛かつ屈辱的なものとして経験される誘引（他者との差異が苦痛に感じられるような社会構造や生活様式）の存在である。最後に、みずからの境遇の建設的な改善が諦念され、苦悶や劣等感といった感情を和らげるには、「たとえ自己自身に損失が生じるとしても、より良好な状況にある人びとに損害を与えるということ以外に選択の余地はない」と考えることである。この三つの条件が重なるとき、敵意ある嫉妬は申し訳のたつものとなり、これが過度なものになってしまうと社会秩序を揺るがしかねない。

さて、ロールズのねらいは、彼の描いた公正な社会がこのような諸条件を緩和することを論証することにある。それを要約的に示せば、まず正義構想は市民の自己肯定感を支持するものである（対等な尊厳と基本的な諸権利）。「共同体の成員たちは共通の正義感覚を有し、市民同士の友情の絆によって堅く結ばれている」（七〇三頁）ため、たとえある人が幸運でないとしても、自分自身を劣っているとみなす根拠はない。第二に、秩序立った社会において格差は度を越したものにはならない。秩序立った社会は「あまり恵まれていない人びとが自らの状況を貧窮化した、屈辱的なものとして経験しがちな誘引

(19) ロールズ『正義論〔改訂版〕』六九七頁。また、ロールズは彼の嫉妬の理解を、カントの定義に依っていることを明示的に認めている。

を減少させる。たとえ不遇な人びとが嫉みやすい何がしかの傾向を有しているとしても、それが強く引き起こされるようなことは決して生じない」(七〇四‐七〇五頁)。そして最後には、ロールズの社会は境遇を改善する建設的な対抗策を提供するという、比較的あっさりとした断言がつづく。こうしてロールズの結論は以下のようになる。

それゆえ、正義の原理が申し訳のたつ一般的な嫉み(また特定の嫉み)をかき立てて、厄介なことが生じる可能性はない、との結論が得られる。以上の吟味を通じて、正義の構想の相対的な安定性が再度示せるだろう。[20]

しかしこれで本当に嫉妬の安全性が示されたのだろうか。ロールズは嫉妬についての議論を「きちんと説明してきたわけではないけれども」と、やや唐突に打ち切るのだが、ここには何やら一抹の不安のようなものが見て取れないだろうか。本章の目的のひとつは、ロールズの築く堅牢な構築物の脆弱な部分を探り当てることにあるのだが、おそらくそのひとつはここにある。

四、……………ロールズの批判者たち

さて、前節で確認したように、ロールズはみずからの公正な社会の構想が、嫉妬に対

する免疫を備えているとしていた。しかしこの議論には、少なからず疑義が唱えられている。本節ではそのなかでも、いわゆる「大陸系」にカテゴライズされる陣営からの批判を取り上げることにしよう。[21] それらの批判は、ロールズ陣営にとってはおそらく「外在的」と感じられるものかもしれない。とはいえ、たとえ外在的であったとしても、それがときに鋭く対象の限界をあらわにするとすれば、そこにいかなる生産的なやり取りもありえないと結論付けてしまうのは尚早だろう。

最初に取り上げたい批判は、ロールズの原初状態の想定に疑義をはさむ、ある意味では古典的なものだ。たとえばレナータ・サレーツルは、ロールズが原初状態において嫉妬を排除していることを問題視している。それによると、

嫉妬を原初状態から排除しないといけないというロールズの主張は、したがって、すぐれて徴候的なものだ。ロールズがこの排除を正当化するのは、第一に、かりに嫉妬を原初状態に認めるとすると、それはあらゆる党派にとって都合の悪いシステムの選択を許すことになるだろうし、また第二に、正義に規定されたシステムは嫉

(20) ロールズ『正義論［改訂版］』七〇五頁。
(21) 分析系政治哲学からの代表的な批判はもちろんロバート・ノージックのものだろう。また、ノージックの議論に対する再批判については、Robert Young, "Egalitarianism and envy", (*Philosophical Studies*, 52, 1987) をみよ。ここでヤングは平等主義的な立場が嫉妬から生じるものではないと説得的に論じている。

妬という強い感情を引き起こすことはなさそうだという事実によってである。ロールズは、私たちが嫉妬を制御しうる（それを認めるにせよ、認めないにせよ）こと、およびそれができるか否かは当のシステムにかかっている（正当なシステムにおいて嫉妬はあまり生じない）と想定している。しかしながら、欲望の弁証法において、それが間主観的であるゆえに、嫉妬はつねに作動している。[22]

サレーツルは精神分析がいう「欲望」のメカニズムにもとづき議論を展開している。そのような立場からすると、主体は他者との関係を抜きに、ただただ合理的に何かを選択することはできない。そうではなく「主体は、対象が〈他者〉の欲望の対象であるかぎりで、それを欲望するのだ。ラカンが述べているように、欲望とはつねに〈他者〉の欲望なのである」（p. 88）、そう彼女は喝破する。しかしこの批判は、精神分析的な立場を共有しないものにとってはあまり説得的なものではないだろう。ましてやロールズの議論が、第一部では理想理論を展開し、非理想的状態については第三部で立ち戻るという構造をとっている以上、このような原初状態への批判が、彼の議論を揺さぶることはおそらくない。[23]

これよりも説得力のある批判は、ロールズが嫉妬の性質を捉えそこなっているとするものである。ロールズにおいて、「申し訳のたつ嫉み」の誘引は、彼の公正な社会においては減少するとされていた。しかしこの推論は、それほど自明なものではない。たとえば社会内の序列が「正義にかなったものである」とされ、みずからの低い位置付けの原因を他人や社会制度の不正に求めることができないとき、私たちはその不満をどこにぶつけたらいいのだろう。小坂井敏晶はこのような状況を「正義という地獄」と呼んで、こう述べる。

同期に入社した同僚に比べて自分の地位が低かったり給料が少なかったりしても、それが意地悪い上司の不当な査定のせいならば自尊心は保たれる。序列の基準が正当ではないと信ずるからこそ人間は劣等感に苛まれずにすむ。ロールズの楽観とは逆に、公正な社会ほど恐ろしいものはない。社会秩序の原理が完全に透明化した社会は理想郷どころか、人間には住めない地獄の世界だ。(24)

ちなみに、スラヴォイ・ジジェクも同様の批判をしている。それによると「ロールズ

(22) Renata Salecl, *The Spoils of Freedom: Psychoanalysis and Feminism after the Fall of Socialism*, London: Routledge, 1994, p.88.

(23) 原初状態からの嫉妬の排除を、ロールズの議論により内在的な仕方で問題視したものとしては、Patrick Tomlin, "Envy, Facts and Justice: A Critique of the Treatment of Envy in Justice as Fairness" (*Res Publica*, 14, 2008) を参照。そこでトムリンは嫉妬の性向が、原初状態において知られるべき「一般的事実」であり、そのかぎりで正義の二原理の選択に影響をもつと論じている。

(24) 小坂井敏晶『責任という虚構』東京大学出版会、二〇〇八年、二四六頁。

が見落としているのは、そうした社会が必ずや怨恨の爆発の諸条件を生み出すだろうということである。そうした社会では、私の低い地位はまったく正当なものであることを私は知っているだろうし、自分の失敗を社会的不正のせいにすることはできないだろう」[25]。ロールズの企図の成功は、逆説的にもロールズが意図しないはずの不幸な結末を予感させることになる。ジャン＝ピエール・デュピュイの同様の見解も紹介しておこう。

別の見方をすればこの〔ロールズ的な〕社会は、もろもろの不平等が資質や才能や能力の格差と相関したものであるがゆえに、それらの格差が目立つことになる不平等な社会である。下層にいる者たちは、自分たちの劣位を、自分たち以外の他者のせいにすることなどどうしてできようか。かてて加えて、そうした者たちは、原理的には、自分たちが今の境遇より悪い境遇に陥っていないことをありがたく思わねばならず、より恵まれた境遇の同胞たちにそのことを感謝しなければならないのだ！[26]

この批判は、格差の減少が、必ずしも嫉妬の誘引を減少させるものではないことに関係している。ロールズの公正な社会においては、格差は過度なものとならないとされていたことを想起しよう。だが、格差の減少はむしろ、いっそう激しく嫉妬をかき立てはしないだろうか。アリストテレスが指摘していたように、嫉妬が比較可能なもののあいだに生じるとすると、格差が狭まれば狭まるほど、相手の存在が手の届くほどに近づけば近づくほど、彼／彼女との埋まりきらない差異がますます堪えがたいものとして現れるのではないだろうか。

格差の減少は、嫉妬の減少に必ずしも到るわけではない。(27) ロールズの区分に公正であるならば、このような嫉妬は「申し訳のたたない」ものに過ぎず、そのかぎりでこの批判もまた外在的なものだろう。しかしこの強い否定的な感情は、それが申し訳のたつものであろうがなかろうが、彼の構想の脆い部分をまちがいなく指し示している。「彼〔ロールズ〕が予感している危険とは、羨望というあの隠れた破壊力の作用によって、自

(25) スラヴォイ・ジジェク『ラカンはこう読め！』(鈴木晶訳) 紀伊國屋書店、二〇〇八年、六八頁。ジジェクはさらにこう続けている。「ロールズが提唱するのは階層が自然な特性として合法化されるような恐ろしい社会モデルである。そこには、あるスロヴェニアの農夫の物語に含まれた単純な教訓が欠けている。その農夫は善良な魔女からこう言われる。「なんでも望みを叶えてやろう。でも言っておくが、お前の隣人には同じことを二倍叶えてやるぞ」。農夫は一瞬考えてから、悪賢そうな微笑を浮かべ、魔女に言う。「おれの眼をひとつ取ってくれ」」(六八－六九頁)。

(26) ジャン＝ピエール・デュピュイ『犠牲と羨望――自由主義社会における正義の問題』(米山親能＋泉谷安規訳) 法政大学出版局、二〇〇三年、二四五頁。

(27) これについては、もっと内在的に検討した批判もあるのでそちらも紹介しておこう。この研究ではイスラエルのキブツの例を取り上げつつ、不平等が減るほど嫉妬が増すことを議論し、これを隣人愛 (neighbor love) ならぬ隣人嫉妬 (neighborhood envy) と呼んでいる。Aaron Ben-Ze've, "Envy and Inequality", *The Journal of Philosophy*, Vol. 89, No. 11, 1992.

分の築きあげた理論全体が不安定に陥れられるのではないかという危惧である」[28]。

五、……嫉妬と民主主義

ロールズは、嫉妬を危険視しつつもそのある種の泥臭さについては十分に勘案できていない——前節で『正義論』にむけられた批判をこう要約できるだろう。嫉妬は格差を解消すれば消滅するというものではなく、その扱いがたさをロバート・ノージックはかつて「嫉妬保存の法則[29]」と呼んだこともある。さて、ロールズの公正な社会においてはほとんど出禁扱いにされてしまった嫉妬であるが、それが民主的社会においてつねに有害であり、可能であればない方が望ましいかというと、どうもそう言いきれない部分がある。本章では最後に、嫉妬と民主主義の関係について考察したい。

民主的社会における嫉妬の両義性について考えるために、トクヴィルの洞察を取り上げよう。トクヴィルがアメリカ社会を研究するなかで、「諸条件の平等」に根源的事実を見いだしたことはよく知られている。しかしこの平等化はアメリカに限られた事実ではなく、トクヴィルによれば、過去七〇〇年のヨーロッパの民主化の歩みでもあった。エルネスト・ラクラウとシャンタル・ムフはこの平等化の連鎖、すなわち「民主主義革命」を、「社会的秩序の基礎を神意に見た神学的‐政治的論理によって支配された、階層的および不平等的な型の社会の終焉を示す[30]」ものとして理解した。フランス革命において政治的不平等への不満が経済的不平等の批判に飛び火したように、ここで民主主義革命はさまざまな諸要求を吸収しながら等価性の連鎖を形成し、より平等な社会を作る一連の過程として捉えられている。

政治学者の宇野重規が指摘するように、このプロセスにおいて「想像力」が果たす役割は決定的である。つまり平等化以前の社会にあっては、人々は主人を比較の対象とは見ていない。そのような社会にあって、不平等な状態に特別な正当化は必要とされないし、主人に対する嫉妬が生じることもないだろう。しかし、いったん「他者を自分と同類とみなす想像力」[31]が解放され、主人が同じ人間であることに理解が及ぶやいなや、人々は政治的・経済的等々の不平等に不満を覚えるようになる。そのとき不平等はなんら正統性のないものとして現れるだろう。そしてこの「不平等を正当化するのに特別な理由が要求される」ことこそ、民主的な社会の特徴なのである。

宇野は新しい想像力を備えたこのような人間を〈民主的人間《ホモ・デモクラティクス》〉と呼んでいるが、私たちにとってこれは同時に〈嫉妬的人間〉でもある。すでに指摘したように、嫉妬は等し

(28) デュピュイ『犠牲と羨望』二三一頁。
(29) ロバート・ノージック『アナーキー・国家・ユートピア――国家の正当性とその限界』(嶋津格訳)木鐸社、二〇一四年、四〇四頁。
(30) ラクラウ＋ムフ『民主主義の革命』三四一頁。
(31) 宇野重規『トクヴィル 平等と不平等の理論家』講談社、二〇〇七年、六二頁。

い者同士のあいだに生じるものだが、同時にそこには最小限のちがいが求められることに注意しよう。つまり、嫉妬は平等と差異の絶妙なバランスのうえに成立する感情なのである。そしてほかならぬ平等と差異こそ、私たちの民主主義に不可欠な構成要素であるとすれば、嫉妬が民主的な社会において不可避であることが理解できる。ひっくり返して言えば、嫉妬のない社会とは、人々のあいだに差異のない完全に同質的な社会であるか、絶対的な差異のもとでいっさいの比較を許さない前近代的な社会であるかのいずれかであろう。したがって私たちは、ロールズがしたように嫉妬が生じないことでよしとして話を終えるわけにはいかない。むしろ嫉妬が私たちのデモクラシーの条件かつ帰結であるということ、だとすると嫉妬とは、私たちがそれを望むか望まないかにかかわらず、（規範的というよりも記述的な意味において）避けがたい一種の〝民主的エートス〟ないし〝民主的情念〟ではないだろうか。

とはいえ、多くの人が予見している通り、過度な嫉妬が民主的社会を維持するうえで致命的であることも確かである。したがって、ロールズとは違った仕方で過度な嫉妬を抑制することが必要となる。ここでは参考として、古代ギリシアの例をみておこう。たとえばキルケゴールは、陶片追放（貝殻追放）について、「ギリシアにおける、貝殻追放は妬みのひとつの表現であった、傑出したものに拮抗するための一種の自衛手段であった」[32]と指摘している。それによると陶片追放は「ひとつの消極的な傑出のしるし」であったとされるが、このことは同時に、追放は嫉妬の過度な表出を抑えるための装置であったと評価できるだろう。

以上、本章では、嫉妬という感情の特性について概観したあと、分析系政治哲学の立役者であるロールズがこれを、彼の正義の構想との関係でどのように扱っているかを検討した。ロールズの見立てでは、公正な秩序だった社会において人々はそれほど嫉妬に狂うことはないとされていたが、このような見通しは、分析系の内外から厳しい批判に晒されている。本章ではそのうち、分析的な立場を採らない議論を中心に、ロールズに対する批判を検討した。それらの指摘は、正義の社会というものがロールズの見立てと異なり、嫉妬を抑制するどころか、嫉妬の爆発を招きかねないということであった。本章では最後に、トクヴィルの議論を参照して、民主的な社会において嫉妬が不可避であることを示した。ここで重要なことは、この感情を民主的な情念として位置付け直す必要があるということなのだ。

さて、このような議論に、いったいどれだけの意味があるのだろう。ロールズの意図を適切に汲めていないと、またしても肩をすくめられてしまうだろうか。しかしこういった心理学的、精神分析的な批判に敏感だったのはロールズその人ではなかっただろ

(32) キルケゴール『現代の批判』(桝田啓三訳) 岩波書店、一九八一年、五五頁。
(33) コプチェク『女なんていないと想像してごらん』二三六頁。

うか。このことは、嫉妬にかんする考察の終わりのほうでフロイトの議論が検討されていることからも窺える。この箇所は、この浩瀚な書物のなかでロールズがフロイトに言及した数少ないもののひとつである。ロールズによれば、正義感覚が嫉みから生じたとするフロイトの議論は根拠の薄弱な断言に過ぎない。正義感覚は「憤慨」という道徳感情に由来するとも少なくとも同程度に言えるのであって、これを判定するには、正義構想や社会状況に関する人々の理解を慎重に吟味する必要がある、そうロールズは述べる。しかし、ここでロールズの反論はフロイトの説を退けるほど決定的なものではなく、正義がつまるところ嫉みの隠れ蓑に過ぎないのかどうか、結論は棚上げされたままである。とはいえロールズとしては、フロイトの議論が単に外在的で的外れな議論として片付けられるものではなく、あるいはむしろふたたびコプチェクに言わせれば、「フロイトの批判は、公正としての正義の理論の真ん前に立ちはだかり、この理論そのものが最初から嫉妬に汚染されていることを暴き立てる」[33]からこそ、正面からきっちり応答しておく必要があったのだろう。ロールズのこのような姿勢にこそ、こんにちの分析系政治哲学と大陸系政治哲学が向き合うための手がかりがあるように思われるのだ。

第四章 来たるべき公共性

アレントの身体とゾーエーの複数性

一、……………はじめに

近年、新自由主義への対抗軸として、「公的なもの」にふたたび注目が集まっている。たとえばボニー・ホニッグは「公的なモノ（public things）に私が注目するのは、ひとつには、すべてを民営化しようとする現代的な衝動のためである〔……〕公的なモノがなければ、私たちはそれについて熟議すべきことも、それをめぐって集まることも、闘技的に対抗することもまったくない、あるいは、ほとんどもたないだろう」[1]と述べており、さらにウェンディ・ブラウンは、新自由主義が公教育を破壊していることに警鐘を鳴らし、公教育が担保してきた教養教育の再生を訴える[2]。

（1） Bonnie Honig, *Public Things: Democracy in Disrepair*, New York: Fordham University Press, 2017, pp. 3-5.

これらの議論のなかで、公共性や公教育はデモクラシーの防波堤として、あるいはそれを回復するものとして期待されているようだ。じっさい、公共性についての議論は、デモクラシーをめぐるそれと一部重なって展開されてきたところがある。シュンペーター的なエリート民主主義を批判した参加デモクラシー論の問題提起をうけ、いかなる排除もない公共圏とシティズンシップのあり方が希求され、そこでは市民の積極的な政治参加に規範的なニュアンスが賦与された。開かれた公共圏と、歪みのないコミュニケーションについての理論は、のちに熟議民主主義論へと展開し、現在もさかんに議論されていることはよく知られていよう。

しかし、公共性を民主主義に直接結びつけるような図式化はどこまで本当だろうか。じつは、公共性と民主主義のあいだには少なからず緊張があった。これがもっとも明白になるのは、まちがいなくハンナ・アレントの思想においてである。確かに、これまで少なくないものがアレントの思想に民主主義的な含意を認めようとしてきたし、そのチャレンジはいまもなお続いている。(3)しかし、そのような人々にあっても、アレントの例の悪名高い区別、すなわち公的領域と私的領域、ないし政治的なものと社会的なものの厳格な区分に直面すると、途端に歯切れが悪くなってしまうのだ。

本章では、新自由主義の攻勢のもとで、公共性と民主主義を同一視する昨今の議論に対し、アレントの思想およびその公/私区分をめぐる評価を振り返ることで、両者の不可避のズレを評価したい。さらに、このズレがもっとも明白になるのは、アレントを読むアゴニズムの理論家においてである。よく知られているように、アゴニズムは、公的領域をアゴーン（闘技）の空間と捉え、そこでの政治的行為を抗争と対立を含んだものとみなすことで、アイデンティティの行為遂行的性格や多元主義を擁護してきた。アレントの思想は彼らの重要な理論的資源のひとつであったものの、しかし同時にその厳格な公／私区分は、それが情念、ケア、宗教など、現代の多元主義に不可欠な諸要素を排除するかぎりで、つねに彼らの躓きの石とならざるをえず、結果、アレントへの彼らの態度はきわめてアンビヴァレントなものになるだろう。とりわけ本章は、アレントが評価することなく政治の領域から切り捨ててしまった「身体」を取り上げることで、「来たるべき公共性」について考察することにしたい。

二、……………アレントの身体論

政治思想分野において、「公共性」はながらく中心的な話題の一つであった。全体主

（2）ウェンディ・ブラウン『いかにして民主主義は失われていくのか――新自由主義の見えざる攻撃』（中井亜佐子訳）みすず書房、二〇一七年、二三〇－三一頁。

（3）Jeffrey C. Isaac, "Oases in the Desert: Hannah Arendt on Democratic Politics", *The American Political Science Review*, Vol.88, No.1, 1994. Helmut Dubiel, "Hannah Arendt and the Theory of Democracy", Peter Graf Kielmansegg, Horst Mewes and Elisabeth Glaser-Schmidt (eds.), *Hannah Arendt and Leo Strauss: German Émigrés and American Political Thought after World War II*, New York: Cambridge University Press, 1997.

義という未曾有の時代経験への反省、およびマルクス主義の諸限界を見据え、時代へのありうべき処方箋として、公的なるものの復権に希望が託された。ハンナ・アレントやユルゲン・ハーバーマスの思想が入念に検討され、そこでは自由で対等な諸個人が、私的な利害関心を脇に、積極的な政治の担い手として公的な意思決定を担っていく、そのような市民像が想定された。そして、そのような公共性のイメージは、市場や社会には還元されない政治そのものの自律性、すなわち「政治的なもの」を再興することに結び付いていたのである。

この領域でもっとも強い影響力を誇っていたのは、いうまでもなく、ハンナ・アレントであろう。『人間の条件』をはじめとした政治についての原理的な洞察が、権力や自由といった政治学の基本概念から労働や思考とは何かにいたるまで、政治について語るための語彙を大きく刷新したことはよく知られる。

本章の議論に必要な限りで、少しおさらいしておこう。周知のように、アレントにとっての政治の原風景は古代ギリシャに見出される。『人間の条件』での記述にしたがうならば、古代の都市国家において市民らは公的領域へと集い、公的な事柄について平等な立場から討議を行なっていた。アレントにとって政治とはこのような公的な場で行なわれる「活動 action」に他ならず、ジョージ・ケイティブが端的に表現しているように、アレントにおいて「政治とは活動であり、また活動とは公的な事柄についての公的な場における言論[4]」なのである。

アレントにおいて公的領域は、オイコスの場としての私的領域と鋭く対比される。アレントによれば、古代ギリシャにおいて私的領域とは家政の領域であり、「生命の必要物、つまり、個体の生存と同時に種の継続にも必要なものが保護され、保証されている領域にほかならなかった」[5]。そして、近代にいたって、この必要性と必然性に支配された生命への関心が、公的領域になだれ込むことで生まれたのが「社会」である。「社会とは、ただ生命の維持のためにのみ存在する相互依存の事実が公的な重要性を帯び、ただ生存にのみ結びついた活動力が公的領域に現れるのを許されている形式にほかならない」(七二頁)。

このような公的なものの自律性、もしくは純粋性というモティーフは、『革命について』においても、「政治的なもの／社会的なもの」というかたちで変奏され、反復される。本章が注目するアレントの身体観もまた、彼女が「社会問題」について語るとき、いっそう明白になるだろう。アレントはフランス革命が失敗した原因を、それが自由の創設にではなく、社会問題、とりわけ貧困の解決を目的にしたことに求めている。貧困においてこそ、私たちの生命過程の必然性がもっとも急迫するのであり、アレントは必然性が革命の自由を圧倒するさまをこう描いている。

(4) George Kateb, "Political action: its Nature and Advantages", Dana Villa (ed.), *The Cambridge Companion to Hannah Arendt*, Cambridge: Cambridge University Press, 2000, p.132.
(5) ハンナ・アレント『人間の条件』(志水速雄訳) 筑摩書房、一九九四年、七〇頁。

貧困が卑しむべきであるのは、それが人間を肉体の絶対的命令のもとに、すなわち、すべての人が別に考えなくても自分のもっとも直接的な経験から知っている必然性の絶対的命令のもとに、おくからである。〔……〕彼ら〔貧民の群衆〕が政治の舞台にあらわれたとき、必然性は彼らとともにあらわれた。そして、その結果、旧制度の権力は無力となり、他方新しい共和国は死産した。自由は必然性に、すなわち、生命過程そのものの切迫に身を委ねなければならなかったのである。[6]

アレントは身体的なものを生命の必然性＝画一性と結びつけ、公的な領域における言論を通じた複数性と切り離す。そのため、生命にかかわる社会問題もまた、政治の目的はおろか、その対象でもありえない。アレントにとって革命の目的とは自由の創設以外ではありえず、その意味において政治的なものは社会的なものと鋭く対立するのである。

しかしながら、貧困をはじめとする社会問題を忌避する彼女の議論は、多くの者を戸惑わせ、ときに紛糾を招くことになった。公的なものと私的なもの、あるいは政治的なものと社会的なものの厳格な区別によって、彼女はしばしば反‐民主主義的であると酷評されたこともある。このような純化された政治イメージのために、アレントをもっとも民主主義に接近させると思われた評議会制の議論ですら、裕福な者や職業的政治家のような有閑階級の特権でしかないとして、彼女の「反‐民主主義的な心性」を表示するものと捉えられることになったのである。[7]

ちなみに、このような「純粋政治」にもとづく公共性論は、少なくともある時期までは、アレントに影響を受けたハーバーマスのものでもある。クレイグ・キャルホーンが「公共／私的と、システム／生活世界というまさに二分法的な理解の仕方が、ハーバーマスが一般的な利害関心を追求していくさいに袋小路にはまってしまう理由のひとつなのである[8]」と批判しているように、ハーバーマスにおいても公共的なものと私的なものの峻別はながらく問題視されてきた。

ナンシー・フレイザーの「対抗的公共圏」論もまた、ハーバーマスのこうした態度を批判するために要請されたものだろう。フレイザーによれば、『公共性の構造転換』において描かれたブルジョア的公共性は、ハーバーマスが考えるほど理想的なものではない。むしろ「それは、表面化した階級支配の形態を正当化する機能をはたす男権主義にもとづいたイデオロギー的な考え方[9]」にほかならず、フレイザーはその「市民的－共和

(6) ハンナ・アレント『革命について』(志水速雄訳) 筑摩書房、一九九五年、九一頁。
(7) Dolf Sternberger, "The Sunken City: Hannah Arendt's Idea of Politics", *Social Research*, 44:1, 1977, p. 144. あるいはジョン・シットンは、政治的なものと社会的なものの区別が、アレントを評議会制の誤った評価に導いたと指摘している。そして「ハンナ・アレントは、彼女が利用した評議会制民主主義のほとんどの例が社会主義革命の試みであったという事実の重要性を理解していない」と厳しく批判している (John F. Sitton, "Hannah Arendt's Argument for Council Democracy", *Polity*, Vol. 20, No. 1, 1987, p. 97)。
(8) クレイグ・キャルホーン「序論――ハーバーマスと公共圏」クレイグ・キャルホーン編『ハーバマスと公共圏』(山本啓＋新田滋訳) 未來社、一九九九年、二七頁。

主義的」と形容しうる公開性を批判しつつ、次のように述べている。

参加者たちは、協議の過程で、自分のことだけを追い求める私的な個人の集合から公共精神をそなえた集合へと転換し、共通の利害関心のために一緒に活動していけるようになっていく。このような見かたからすれば、私的な利害関心は、政治的な公共圏においてはふさわしい場をもたないことになる。せいぜい私的な利害関心は、協議をおこなうための前政治的な出発点であり、議論の過程において転換され、乗り越えられていくものなのである。(10)

フレイザーは、この男権主義的な公共圏を相対化するために「下位の対抗的な公共性」を提案する。そこでは、従属的な社会集団の構成員がもつ利害関心やアイデンティティを再編成するような討議が行なわれ、単一の「強い公共性」を脱中心化するのである。のちに議論するように、公共圏を複数化するフレイザーの戦略は、ラディカル・デモクラシーのめざす方向性とかなり一致するものである。というのも、ラディカル・デモクラシーもまた単一の公共圏を特権化するのではなく、それを複数化するプロジェクトを打ち出しているからである。

三、寄り道――アレントとカフカ

ところで、アレントの公共性論をもう少し肉薄するために、ここで寄り道をしておきたい。アレントの政治行為論がじつは、『人間の条件』が発表されるはるか以前の一九四六年のカフカ論によって先取りされていたことは、それほど注目されていない。アレントの思想に馴染みのある者なら誰でも知っているように、フランツ・カフカの名は彼女の著作のなかに、見過ごすことのできないような仕方においてその姿を現している。じっさいアレントは、生前は一部の小さなサークルでのみ読まれ、死後に多くの読者を魅了することになったカフカの作品に早くから親しんでいたという。彼女がいかに早くから、このプラハ出身の作家に通じていたかについては、ギュンター・アンダースによる「一九三四年にラシーヌ街の「ドイツ文化研究所」で（ハンナ・アレントとヴァルター・ベンヤミンを除けば）聴講者にはもちろん全く「未知の」きわめて非ドイツ的なカフカについて講演した」[11]という証言からも見て取れるだろう。

（9）ナンシー・フレイザー「公共圏の再考――既存の民主主義の批判のために」『ハーバマスと公共圏』一二八頁。
（10）フレイザー、同前、一四七－一四八頁。
（11）ギュンター・アンダース『世界なき人間――文学・美術論集』（青木隆嘉訳）法政大学出版局、一九九八年、二九頁。

したがって、アレントがカフカから少なくない影響を受けていたことはまちがいない。とはいえ、こうした理路には厄介な問題もある。政治の理論家、あるいは政治思想家であるアレントにとって、カフカ論を始めとするいくつかの文学批評がどのような位置を占めるのか、というのがそれである。アレントの思想のなかで、これらの文学批評は周縁に留まるのか、それとも彼女の問題関心の核心へと通じているのだろうか。

アレントがイマニュエル・カントの政治哲学について述べていたことがここでは重要になるだろう。彼女は一九七〇年、ニュー・スクール・フォー・ソーシャル・リサーチで行なった講演で、もしカントの「政治哲学」なるものを求めようとするならば、このテーマで書かれた諸論考に向かうのでなく、『判断力批判』第一部へと赴く必要があることを強調していた。いうまでもなく、カントの『判断力批判』は美的判断を扱っているのだが、ほかならぬその主題こそが「すべて卓越した政治的意義を有しており、政治的な事柄にとって重要である」[12]ことを、アレントは示そうとしたのだ。ところで、アレントの文学批評と文化論を蒐集し、一冊の本に編集したスザンナ・ゴットリーブは、アレントのこの挙措について次のようにコメントしている。

それならば、このケーニヒスベルクの老プロシャ人を称賛した、他の偉大な思想家においても、同様の探求の道筋が可能なのではないだろうか、すなわちアレント自身にである。カントが政治哲学についての偉大な作品を書くことなしに、時折政治的な事柄を熟考することに没頭したように、アレントも芸術理論についてのまとまった作品を書くことなく、ときおり文学や文化への考察に没頭した。〔……〕重要なことは、しばしば無視されてきた文学や文化についての考察を不可欠な次元として捉えることのできるパースペクティヴを発見することなのである。[13]

だとすると、アレントのカフカ論から、アレントの政治理論にアプローチすることも、あながち的外れとは言えない。じっさい、カフカの『審判』の物語を下敷きにしながら、全体主義体制における官僚制の諸特徴を描いたように、あるいは「彼」と題されたアフォリズムから、「思考する自我の時間感覚」についての洞察を得たように、彼女はその着想を的確に表現する物語を幾度もカフカから与えられている。こうして、カフカとの対話を通じて彼女が紡ぎ出した思想は、二十世紀におけるもっとも卓越したものの一つとなったのである。

それでは、ここではアレントの活動論にかかわる部分を検討しておこう。たとえばアレントは、カフカの『アメリカ』に登場するホテルのボーイ長の台詞「もし私が人を取り違えるようなことをするとしたら、どうしてボーイ長でありつづけることができよう

(12) ハンナ・アレント『カント政治哲学の講義』(浜田義文監訳)法政大学出版局、二〇〇〇年、一五頁。
(13) Hannah Arendt, *Reflections on Literature and Culture*, edited and with an Introduction by Susannah Young-ah Gottlieb, California: Stanford University Press, 2007, p.xiii.

か」を引いている。彼女はここに、実存主義者であれば拒否したような「まじめな精神」を見出している。ここで「まじめな精神」とは、みずからのアイデンティティをその社会が要求する立場、あるいはその機能――たとえば、父親として、教師として、など――と一致させることによって、みずからのあり方についての自由を放棄することとして捉えられている。そして、カフカのボーイ長のように、自分自身を自分の機能と同一化することの危険性を指摘したあとで、次のように述べる。

ふりをすることやまじめな気性から抜け出す方法とは、自分が本当の自分であるところで振舞う（play）ことである。もう一度カフカを引くならば、彼は『アメリカ』の最終章で本来的な生の新しい可能性を示していた。大いなる「自然の劇場」、そこでは誰もが歓迎され、すべてのひとの不幸は解消されるのだが、そこが劇場であるのは偶然ではない。そこではすべてのひとが、自分の役割を選択し、自分がそうであるもの、あるいはそうでありたいものを演ずる（play）ように求められる。役割を自ら選択するということが、機能化一辺倒とたんなる存在、意欲だけの空回りと一見不動の現実との間の葛藤を解決するのである。(14)

アレントがこう書いたのは一九四六年のことであったが、ここでカフカを参照しながら述べられる、劇場で俳優がするように自分自身を演じる生とは、代表作『人間の条件』や『革命について』における政治行為論に反映された考え方である。つまり、アレントは「現われの空間」を劇場の比喩を用いて説明し、行為する者を演技する俳優とみなし、演劇に由来する政治的比喩として「仮面persona」というメタファーを用いている。すなわち政治的行為者は、メタファーとしての仮面を被りながら、公的領域で演技する存在にほかならないということだ。

この「仮面」のメタファーに着目したとき、私たちは次のようなアレントの活動論にしばしば見られる誤解、すなわち活動を「行為の表出的モデル」とする見解を避けることができる。たとえば、モーリツィオ・パセラン・ダントルヴは「表出的行為モデルが強調されると、政治は、傑出した個人による高貴な行為のパフォーマンスとみなされる」[15]と述べている。このような見解に反対して、デーナ・ヴィラが次のように述べているのは完全に正しい。

> アレントが私たちに伝えたくないものは、政治的行為と自己表現を同一視する理論である。〔……〕アレントの理解では、そのような理論は自己を公的な舞台上の演技者とみなす劇場的自己概念が促進する非個人性とは根本的に一致しない。[16]

(14) ハンナ・アーレント「フランス実存主義」J・コーン編『アーレント政治思想集成――組織的な罪と普遍的な責任』(斎藤純一ほか訳)みすず書房、二〇〇二年、二五九頁。
(15) Maurizio Passerin D'entréves, *The Political Philosophy of Hannah Arendt*, London: Routledge, 1994, p.85.

ヴィラは、アレントの仮面を装着して為される演技としての活動を、個人の利害や情熱などからは切り離された「脱個人化」されたものと捉える。したがって、一般的に解釈されている活動の自己開示的性格は、「内的潜在力の外在化でもなければ、「真の」自己の表出でもない」。しかしそれはまた、「無私」といった概念を奨励するものでもない。アレントが狙っているのは、「公的自己と私的自己の区別を際立たせる」ことなのである。したがって、演技としての政治的行為は、決して個人の本来の「性格的なもの」の表出ではない。ヴィラは気付いていないが、私たちはこのことを、先に引用したカフカについてアレントが述べていたことから確証することができる。彼女はそこで自己自身と分配された役割とを一致させることの危険性、あるいはその「馬鹿馬鹿しさ」について語っていた。政治的に行為する者は素顔を剥き出しにするのではなく、仮面を被りつつ公的領域に参入し、その役割を文字通りプレイするのである。

こうして私たちは、アレントに特有の政治行為論が、一九四六年の時点ですでにカフカによって、あるいはアレントのカフカ解釈によって先取りされていたことを確認した。政治理論家としてのアレントの、その理論的核心のうちにカフカの痕跡が認められること、この事実はカフカが彼女にとっていかに重要な作家であったのかを如実に示すものだろう。

本筋に戻る前に、二人の深い結びつきを示すためにも、少し伝記的なことに触れておきたい。アレントの優れた評伝を著したエリザベス・ヤング＝ブリューエルによれば、アレントは一九四六年から一九四八年までのあいだ、ショッケン・ブックス社のニューヨーク本社の編集長を務めている。この時期、彼女にとって「もっとも時間を費やし、面倒だった」出版企画は、カフカの『日記』のドイツ語版だったという[17]。また一九六五年には、同社からの『日記』英訳版の出版にも協力している。さらに、彼女は自身のアパートメントに大きなカフカの肖像画を飾っていたともいう。これらの伝記的事実は、カフカという作家がアレントにとっていかに特別な存在であったか、さらには彼の作品への彼女の敬愛を、何よりも雄弁に語ってくれるように思われる。

四、……アレントを読むアゴニストたち

さて、本題に戻ろう。アレントによる政治と公共性の概念の刷新は、民主主義論に

(16) Dana R. Villa, *Politics, Philosophy, Terror, Essays on the Thought of Hannah Arendt*, Princeton: Princeton University Press, 1999, p.139.（=『政治・哲学・恐怖』（伊藤誓+磯山甚一訳）法政大学出版局、二〇〇四年）。また、アレントの「仮面」のメタファーに着目したものとして、Norma Claire Moruzzi, *Speaking through the Mask: Hannah Arendt and the Politics of Social Identity* (London: Cornell University Press, 2000) を挙げることができる。この研究は精神分析理論からアレントの行為論を解釈しようとするものであるが、アレント研究の多くが彼女の理論的枠組みを越える射程を持たないなかで、このような試みは十分に注目に値するものである。

(17) Elisabeth Young- Bruehl, *Hannah Arendt: For Love of the World*, Second edition, New Haven: Yale University Press, 2004, p.189.（=『ハンナ・アーレント伝』（荒川幾男ほか訳）晶文社、一九九九年）。

おいてアゴニズムの伝統の復権を伴うものであった。それによると、アレントの政治思想の特徴は、政治をコンセンサス形成のためのプロセスとしてではなく、むしろ世界においての複数性を実現するためのものとして考えたことにある。このことは、彼女が公的領域においては「真理」ではなく「意見」を擁護したことに端的に表れていると言えるだろう。というのも、真理はその明証性ゆえに、定義からして命令的な強制力を伴っているからであり、それが政治における意見の複数性を破壊してしまうからである[18]。別言すれば、アレントにとって公的領域における複数性とは、政治的行為者が他者へと自身の意見を表明し、みずからのパフォーマンスを見られることによってのみ可能になるものである。

これまで少なくないものが、複数性を擁護するアレントの政治的思考のなかに、闘技的なエートスを見出してきた。たとえばデーナ・ヴィラは、アレントのなかにあるアゴニスティックな視座を強調しながら、それをハーバーマス的なコンセンサス・モデルから引き離そうと試みている。つまりコミュニケーション的理論、もしくは合理主義的な政治の概念をアレントから引き出そうとする傾向に対して、ヴィラは『人間の条件』で提示された政治的行為論は個人主義的な行為の機会を重んじる闘技的な主体性をその理想としている[19]」と議論する。ヴィラの読解によれば、アレントの政治概念はいくつかのポストモダンの理論家――フーコーやリオタール、あるいはボードリヤール――と闘技主義的な精神を共有しており、それゆえ私たちはアレント的な公的領域を、複数性と

政治的自由が可能となるアゴーンの空間と見なすべきなのである。(20)

ボニー・ホニッグもまた、アレントからアゴニズムの精神を引き出そうとする者の一人だが、それはヴィラ以上に個人主義的な仕方で行なわれる。彼女はアレントの政治思想を、コンセンサス政治やデモクラシーの「アソシエイティヴ・モデル」に還元しようとするセイラ・ベンハビブのような論者を批判しながら、自身の政治的立場を「闘技的フェミニズム agonistic feminism」と位置付ける。それは、男性/女性、セックス/ジェンダー、公的/私的などの支配的な二分法への還元を許さないような、行為者のアイデンティティのパフォーマティヴな出現を可能にする一方で、いかなる同質化や正常化の強制をも拒否し、「わたしの」個人化および区別を求めるものである。ホニッグは次のように述べている。

アレントの理論上の理解にかなりの影響を与えた卓抜へのアゴナルな情熱は、個体化への、つまり卓越した自己として現れることへの闘争として読むことができる

(18) ハンナ・アレント「哲学と政治」(千葉眞訳)『現代思想』(第二五巻八号)、一九九七年。
(19) Dana R. Villa, "Postmodernism and the Public Sphere", *The American Political Science Review*, Vol.86, No.3, 1992, p. 717.
(20) ジェイムス・タリーも同様のパースペクティヴからアレントの政治思想のアゴニスティックな次元を解釈しているが、彼の場合、アレント的な政治的活動が「承認」を求める闘技的な競争にかかわることを強調している。James Tully, "The Agonic Freedom of Citizens", *Economy and Society*, Vol.28, No.2, 1999.

のではないだろうか。その自己とは、アレント自身の用語で言えば、「何か」ではなく、「誰か」であり、栄誉それ自体に憑かれているのではなく、個性に憑かれた自己、定義づけ、固定化しようとする（社会学的、心理学的、そして法的な）カテゴリーにけっして汲み尽くされない自己である。(21)

ホニッグにとってアレントが擁護した複数性と差異は、ある行為者の「誰 who」があらわになる場合にのみ存在するものである。そのかぎりで、ベンハビブがしたように、アレントの政治の概念をアソシエイティヴ、ないしは熟議的なものとして解釈するだけでは不十分である。何らかの支配的な規範に抵抗し、新たなアイデンティティの可能性を肯定するためには、他者とともに存在するのみならず、他者に抗することも必要になる。それゆえホニッグの闘技的フェミニズムは、政治を、そこから新しい政治的主体がパフォーマティヴな仕方で現れる、（再）基礎付け、拡大、修正の絶え間ないプロセスと見るよう呼びかけるのである。

このように、ヴィラとホニッグは、いずれもアレントから闘技的なエートスを引き出そうとつとめている。ただし、ヴィラとホニッグのあいだにはアレントへのニーチェの影響をめぐる論争があることも確認しておきたい。これはまた、アレントの闘技的な政治を考えるさいにも非常に重要なものである。ここでそれを簡単に要約しておくとすれば、ヴィラがアレント的アゴニズムをニーチェから切り離そうとするのに対し、ホニッグは両者の関係をあまりにも単純化しているとヴィラを批判しながら、これら二人の思想家のより込み入った関係性を描こうとするのだ(22)。

さて、ヴィラとホニッグがアレントの思考から個人主義的なアゴニズムを引き出そうとする一方で、アンドリュー・シュワープは「政治的和解political reconciliation」の観点からアレントの思想を闘技民主主義的に評価している。シュワープが問うのは、相互不信にある一般の人々のあいだの和解はいかにして可能であるかということであり、彼がそう言うのは、分断された社会を民主化するには和解が不可避であると信じているからである。この問題に関しては、たとえばジョン・ドライゼックが熟議民主主義の立場から、差し迫った状況における熟議の重要性を唱えているが、シュワープはむしろ、分断された市民のあいだに、集合的行為や連帯の可能性を中心にしたラディカルかつ民主的な政治を取り戻すために、あるいは反目する市民のあいだに和解の可能性を開くためにこそ、アレント的なアゴニズムのパースペクティヴを提案する。すなわち、闘技主義的な見解は、アンタゴニズムをアゴニズムに転換することにより、「私たちにとって非合

(21) ボニー・ホニッグ「アゴニスティック・フェミニズムに向かって——ハンナ・アーレントとアイデンティティの政治」ボニー・ホニッグ編『ハンナ・アーレントとフェミニズム——フェミニストはアーレントをどう理解したか』(岡野八代+志水紀代子訳)未來社、二〇〇一年、二二八頁。

(22) Dana R. Villa, "Beyond Good and Evil: Arendt, Nietzsche, and the Aestheticization of Political Action", *Political Theory*, Vol.20, No.2., 1992. Bonnie Honig, "The Politics of Agonism: A Critical Response to 'Beyond Good and Evil: Arendt, Nietzsche, and the Aestheticization of Political Action'", *Political Theory*, Vol.21, No.3, 1993.

理に思われる人々に耳を傾ける開かれた態度（openness）と、何が合理的な政治的言論とみなされるかを問う意欲[23]」を示すことができるという。

以上整理してきたように、これまで少なくない理論家たちが、アレントの公共性モデルを、アゴニズムに引きつけるかたちで読解してきた。しかしすでに予告していた通り、そのような試みは、アレントの公／私区分に直面したとき、非常に歯切れの悪いアンビヴァレントな態度へと変わってしまう。そのことを次節で検討することにしよう。

五、……身体の複数性、ゾーエーの複数性

アゴニズムの理論家たちは、アレントのアゴニズムの骨子を、他者との抗争や複数性として理解してきた。このような政治の理解は、コンセンサス形成をデモクラシーにおいて重視する一部の熟議民主主義者の考え方と鋭く対立するものである。アレント的アゴニズムの視座からすれば、そのような合意を予期することは不可能であるだけでなく、闘技的なエートスを窒息させてしまうものでもあろう。

しかし、アレントを重要な理論的資源にしつつも、アゴニズムの理論家が躓いてしまうのは、その公共性論における厳格な公／私区分である。もとより、公／私区分の問題は、おもにその線引きのあり方にかかわっている。つまり、あるイシューを政治的であるとし、そうでないものは政治には相応しくないとする、その境界をいかに画定するか

共和国急使

第34号

2020年2月20日

地上五階より

下平尾 直（共和

2019年1年で新刊8点しか出せなかったのに、202
は3月末までに6点も出さねばならず、「なにか作業を忘
るのでは……」という自分との闘いである。文字通り分
秒刻みの瞬間もあり、本書に先行して出した分にいたっ
この『急使』の作成すら忘れてました……。はたして
までに新刊を何点積み上げればよいのだろうか。ことし
1年15カ月制にならないものか。

本書『アンタゴニズムス』の山本圭さんと最初にお
かかったのは、たしか震災直後で、議事堂前のデモに
とか、友人の編集者と一緒に後楽園駅の喫茶で話した
に覚えています。では翻訳をやりましょうと合意しながら
時の勤め先の「大人の事情」で版権を取得できず、
版元の友人にお願いして出してもらったのが、ラクラウ
代革命の新たな考察』（法政大学出版局）でした。
9年（?!）も経つかと思うとびっくりですが、山本さんも
の政治学者として各媒体で引っぱりだこのなか、「共和
ら2冊目の単著を……」と声をかけていただいたのはう
いことでした。にもかかわらずこちらが前述のような状態
叱咤されされ形になった次第です。面目ありません……。

震災以後の政治状況は本当にそれまでと一変したし、
書の見解が出版社なりわたし自身なりの見解でもないの
が、それでもこういう論争的な本を出すのがひさしぶり
で、読者諸姉兄がどう読まれるのか楽しみです。✴

共和国の本

（酷税抜き本体価格）

版〕記号と機会　**マウリツィオ・ラッツァラート**
菊変判並製 368 頁／ 2700 円

と大学　冷戦ガラパゴスを超えて　**石原俊**
四六判並製 276 頁／ 2500 円

者のブーツ　イラストは抵抗する　**ヨゼフ・チャペック**
菊変判上製 180 頁／ 2500 円

新版〕抵抗者たち　反ナチス運動の記録　**池田浩士**
四六判並製 344 頁／ 2500 円

に負けないための二〇章　**池田浩士＋高谷光雄**
四六変判並製 128 頁／ 1800 円

〕黙って野たれ死ぬな　**船本洲治**
四六変判並製 376 頁／ 2800 円

版〕ナチスのキッチン　**藤原辰史**
菊変判並製 480 頁／ 2700 円

の本は、全国すべての書店・ネット書店でお買い求めいただけ
お近くの書店で見当たらないときは、「トランスビュー扱いで」
店員さんにお伝えください。1～3営業日で店頭にお届けいた
す（取次経由の本屋さんの場合、10日前後かかりますのでご了
ださい）。また、もしネット書店などで「品切れ」と表示され
ても、実際には在庫がある場合がほとんどです。その場合は、
の通販サイトからご注文ください。送料無料です。
和国 ANNEX：https://republica-annex.com

を読んだ感想、内容や造本へのご意見、小社へのご希望などは、
のメールアドレスにお寄せください。個人情報は厳守し、一切
流用することはございません。naovalis@gmail.com

litorialrepublica　共和国
http://www.ed-republica.com

についての（再）交渉が問題なのである。いうまでもなく、何を「公的なもの」としてみなすのか、言い換えれば公と私の境界線をどこに、どのように引くのかはつねに政治的な係争点であった。ラディカル・フェミニズムの「個人的なことは政治的である」から、近年の #MeToo 運動にいたるまで、公と私の境界線はさまざまに異議申し立てがなされ、問い直され、引き直されることで、それまで私的領域に押し込められてきた抑圧と暴力を可視化することに貢献してきた。このような闘争の歴史からすると、アレント的な公／私の線引きはかなり保守的なものと映るだろう。だからこそ、これまで多くの人がアレントの思想に民主的な連帯を読み込むことを躊躇してきたのである。

たとえば闘技民主主義を代表するウィリアム・コノリーは、「純粋政治批判」と題された論考のなかで、アレントの議論を検討している。コノリーによれば、政治的領域から社会問題を排除することには、アレントが拒否したはずの政治の狭隘なネイション化を導く危険性があるという。つまり貧困が、もしくは不当に虐げられた状態が政治的に放置されるとすれば、「民族的に純血な国民や男性優位、そして宗教的な統一体」などの保守化へと傾きかねない――どこかで聞いたことのある話だろう。したがってアレントの定式化に抗いつつ、コノリーは「国民や一般意志なるものを超えて行かんとする政治の観点からすれば、社会問題を政治から締め出そうとすることほど、無益で危険なこ

（23）Andrew Schaap, "Agonism in Divided Societies", *Philosophy and Social Criticism* Vol.32, No.2, 2006, p. 269.

とはない」[24]と述べる。政治の多元化を提唱するコノリーにとって、アレント的区分は政治的なものの収縮であるほかないだろう。

さらにコノリーは、アレントが政治に相応しくないとして排除したのは「身体」であるとし、むしろ身体がいかに政治的に重要であり、不可欠なものであるかを強調している。つまりアレントのように、政治と身体を排他的な関係として捉えることは、「いかに身体の数多の次元が、新たな存在可能性が公的な討議の世界に投げ入れられる多様な「源泉」であり、つねにすでに広義の政治行為の対象／目的であるのかを曖昧にしてしまう」(p.20) のである。

さらに、ふたたびホニッグを取り上げれば、彼女もアレントに「闘技的フェミニズム」のための手がかりを求めつつ、同時にアレントへの違和を表明せざるをえない。

> あの厳格な公的／私的の区分のために悪評をかったアーレントだが、彼女は、社会正義やジェンダーといった問題を政治的領域に持ち込むことを禁ずることで、彼女のいう政治の比類ない性格と公的空間の純粋性を保守しようとする。[25]

ホニッグは、「公的な領域と私的な領域の区分をアプリオリに確定することに抗わねばならない」としつつ、そしてやはり公的領域における身体の不在に着目している。ホニッグはアレントの公と私の区別を「多面的な、行為しつつある自己」と「単一の、一義的な身体」との対立として読み解き、その図式化に抗するべく、アイデンティティの行為遂行的な性格によって、公／私区分を組み替える「動揺への戦略」を提起する。

コノリーにせよ、ホニッグにせよ、どちらもポイントとなっているのは「身体」である。アレント的な公共性において、身体は必然的で画一的な生命過程にしたがうことから、政治の空間には相応しくないとされていたことを想起しよう。ウェンディ・ブラウンが述べるように、「アレントが認めることができないのは、身体こそが活動の、したがって自由の場、ないし媒体であるということなのだ」[26]。しかし、アゴニズムの立場からすれば、つまり抗争を通じたラディカルな多元性を擁護する立場からすれば、身体＝画一性とするこの等号こそが問いに付されなければならない。本章ではこれを、「ビオス（政治的な生）の複数性」に対する「ゾーエー（生物的な生）の複数性」と捉えよう。つまり、アレントの思想をデモクラシーと和解させるにあたって、活動の複数性に対する身体の複数性が、ビオスの複数性のみならずゾーエーの複数性こそが、政治的なものとして擁護される必要があるのだ。

それでは、ゾーエーの複数性をどのように理解できるだろうか。たとえば齋藤純一

（24）William E. Connolly, "A Critique of Pure Politics", *Philosophy and Social Criticism*, Vol.23, No.5, 1998, p.17.
（25）ホニッグ「アゴニスティック・フェミニズムに向かって」『ハンナ・アーレントとフェミニズム』一九四頁。
（26）Wendy Brown, *Manhood and Politics: A Feminist Reading in Political Theory*, Lanham: Rowan and Littlefeld, 1988, p, 196.

は、アレントがビオスとゾーエーを区別し、前者のみを政治に割り当てたことを疑問視している。齋藤によると、公的領域において「物語る」という言説様式を認めるとすると、その語りにおいてビオスとゾーエーは混じり合い、ゾーエーの呻きは公的領域に回帰せざるをえないだろう。つまり、ゾーエーを「経験の生きた形跡」として、政治から排除することはかなわないということだ(27)。ここでゾーエーは、アレントの想定とはちがい、一義的でない多義的な声をもつものとして捉えられている。

さらにゾーエーの複数性を検討するために、精神分析の知見に依拠してみよう。ヤニス・スタヴラカキスは『ラカニアン・レフト』のなかで、ネイションに特有の享楽について論じている。第二章でも議論したように、たとえばナショナリズムにかんする膨大な研究は、ネイションが象徴的に構築された「想像の共同体」であることをくりかえし示してきた。しかし、ネイションのフィクション性がいかに暴かれようとも、ナショナル・アイデンティティへの同一化はやむことなく、それどころか近年ますます強固なものとなってきている。このことが告げるのは、ネイションの象徴的側面という形式的次元とは別に、ネイション的同一化を裏側から支えている情動的次元を念頭におく必要があるということだろう。幻想を背後から支えるもの、これこそラカン派がいうところ「享楽」にほかならない(28)。

スタヴラカキスが指摘するように、ナショナリズム的な同一化を情動的な面から支える享楽は、それぞれのネイション的な実践によって、多様な仕方で組織化されている。

たとえばアメリカ的な享楽とは次のようなものだ。

〔……〕シェビーを運転し、ベースボールを観戦し、ホットドッグを食べることは、際立ってアメリカ的なネーション的実践として、アメリカ人によって経験され享楽されている。あらゆるネーションへの同一化は同様の軸にそって再生産されているのである。(29)

こうした享楽が、現実界の輝きをまとうことで、主体を捕らえている。享楽が非公式なレベル（スタヴラカキスの例では、日常的な家族の儀式や習慣、料理の好みや伝統など）において現れ、公的／公式な実践（国旗やシンボル、国歌など）を裏側から支えている。たとえば、ネイション的実践に顕著なものとして「食」を挙げてみよう。スタヴラカキスはラカン派の欲求・要求・欲望の区別に倣いつつ、食の三つのレベルを指摘している。まず生き延びるため、カロリーを摂取するというもっともシンプルな生物学的レベルがある――これはアレントが生命過程と呼んだものだ。第二は味覚のレベルであり、これにより私たちはさまざまな料理をさまざまな仕方で楽しむことができる。そして第三のものこそが、

(27) 齋藤純一『公共性』岩波書店、二〇〇〇年、五八－五九頁。
(28) スタヴラカキス『ラカニアン・レフト』二四二頁。
(29) スタヴラカキス『ラカニアン・レフト』二四八頁。

猥雑な享楽のレベルであり、これがネイションに特有の食を可能にし、ある食品への過剰な備給を可能にしている。

それは、私たちの共同体だけにしかない食料、外国人なら食べたいと思わないような食料、あるいは何故私たちがその食料に愛着をもっているのかが外国人には理解しがたいような食料を欲望し、準備し、消費することと関連している。ギリシアの学生が、留学する際にギリシアの食料をスーツケースにつめていく理由が他にあるだろうか？(30)

このようなネイションごとの享楽の組織化は、ほかにも衣服や食べ方、性行為、コロンやフレグランスなどにも見て取ることができるだろう。人々はまさに身体のレベルにおいて、さまざまな仕方でおのれの享楽を組織化し、それによって多様な身体を構成しているのだ。同じようなことが、ネイションのレベルのみならず、多文化主義が要求する集団レベル、さらには個人のレベルでも言えるにちがいない。だとすれば身体は、アレントがするように、生命過程に還元できる画一的なものではない。デモクラシーは、アゾーエーの複数性にもとづいて、現行の公／私区分を脱自然化し、その再考を要求するのである。

六、……公的領域の複数化

本章では、公共性とデモクラシー論をダイレクトに結びつける昨今の傾向に対し、アレントの公共性論を再訪することで、両者の緊張関係をあらためて浮き彫りにすることを試みた。この緊張は、とりわけアゴニズムの理論に顕著に見てとることができる。つまりアゴニズムの理論家はこれまで、アレントの政治論から大きくインスピレーションを受けつつも、それがとりわけ身体を排除していることによって、きわめてアンビヴァレントな立場を強いられたのである。本章では、「ビオスの複数性」とは異なる「ゾーエーの複数性」を提起することで、公共性からの身体の排除が問題含みであることを示すことができた。アゴニズムの理論家らが求める民主主義は、公／私の境界をたえず問い直すのである。

ところで、街路における複数の身体の政治性、これこそジュディス・バトラーの『アセンブリ』のテーマである。バトラーの議論は、いつものように複雑で安易な要約を許すものではないが、同書の目的の一つは、やはりアレントの公／私区分を批判しながら、街頭に現れる複数の身体の政治的意味を問うことにある。

(30) スタヴラカキス『ラカニアン・レフト』一三七－一三八頁。

群衆、増大する群衆の中に集合することは何を意味するのか、また、公私の区別に異論を唱えるような仕方で公共空間を移動することは何を意味するのかを考えるとき、その複数性における諸身体が公的なものへの権利を主張する何らかの仕方を理解するし、物質的諸環境の問題を把握し再構成することを通じて、公的なものを見出し生産する何らかの仕方を理解する。(31)

こうして身体およびゾーエーの複数性を認め、それを公的なものとして承認することは、公/私の区分を再審すると同時に、これまではそうと見なされてこなかった場所を公的なものとして再発見する、あるいは再創出することでもあるだろう。これが意味するのは、公的領域における複数性のみならず、公的領域そのものの複数化が重要になるということなのである。

公共性の特権的で一元的な性格を解除し、それを脱中心化、複数化すること、これこそラディカル・デモクラシーの戦略にほかならない。エルネスト・ラクラウがある箇所で述べているように、民主主義社会と両立する公的空間は単一のものではありえない。

民主的な社会の条件とは、これらの公的空間が複数的でなければならないということだ。いうまでもなく、民主的な社会はたった一つの公的空間の存在とは相容れない。〔……〕私からすると、ラディカル・デモクラシーの社会は、複数の公共空間が個別の諸問題や諸要求を中心に構成され、それらはたがいに厳格に自律しており、その構成員に対しては、個人としてのアイデンティティの中心的な要素となるような市民的感覚を注入する、そのような社会なのである。(32)

だとすると、公共性の未來は、合理性が澄み渡った静謐なものではなく、もっと雑多で賑やかなものにちがいない。公／私の境界線をめぐる絶え間ない再交渉は、これまで私的領域に追いやられていたものに公的なアテンションを要求し、公／私の内実を再編することで、デモクラシーを深化するだろう。とはいえラディカル・デモクラシーの立場からすれば、このような公／私の境界線をめぐる異議申し立ての声がいつか止むと考えるのはまちがいである。しばしば看取される公共性の自閉的で調和したユートピア的幻想に対し、デモクラシーはたえず社会の分断と敵対性を想起させる、そのような役割を果たすだろう。「来たるべき公共性」というものがあるとすれば、それはこのような十全性のたえまない先延べであり、たえず欲求不満《フラストレーション》を抱えた公共性のことであろう。

（31）ジュディス・バトラー『アセンブリ——行為遂行性・複数性・政治』（佐藤嘉幸＋清水知子訳）青土社、二〇一八年、九六頁。
（32）Ernesto Laclau, *Emancipation(s)*, pp. 120-21.

第五章 とりあえず連帯すること

ジュディス・バトラーの民主主義論について

民主主義は一致して語ることはない。
その調子は不協和なもので、必然的にそうなのだ。

ジュディス・バトラー

一、……………はじめに

前章までの議論において、私たちは公共性をめぐるポリティクスと身体の政治を考察してきた。それによると、公共空間には相応しくないとして排除されてきた身体ではあったが、身体の問題はいまや、異議申し立てと民主主義をめぐる理論的なフロンティアのひとつになっている、ということであった。これらの議論は、近年の「アセンブリ」との関係でも、きわめて注目すべきものになる。したがって、ラディカル・デモクラシーのプロジェクトにも共鳴し、またアセンブリの議論を展開するジュディス・バトラーについて、私たちは考察すべきときである。

ジェンダー規範をパフォーマティヴに撹乱する戦略を打ち出し、不安定性と可傷性に曝された生への倫理を説き、路上における身体の現われとその政治性を唱える思想家――ジュディス・バトラー。彼女の仕事を民主主義の思想として読むことは、ことさら難しいものではないと思われるかもしれない。事実、彼女はデモクラシーを、もっと言えば「ラディカル・デモクラシー」をことあるごとに引き合いに出し、みずからの思想とのつながりを幾度となく強調してきた。たとえば「ラクラウとジジェクとわたしとでは、譲り合えない点も多々あるが、ラディカル・デモクラシーのプロジェクトを模索している点と、グラムシのヘゲモニー概念に継続的な政治の可能性を見ている点では、一致しているつもりである(1)」といった具合である。

にもかかわらず、バトラーの思想から民主主義の理論を、それそのものとして切り出したものは存外多くない。確かに、あちこちでのほのめかしから、彼女の書き物が民主主義のプロジェクトに深く通じているらしいことはたやすく直感できる(2)。だが、彼女がそれをどのように捉え、どのようにみずからの思想に結びつけているかは、それほご明らかではない。そのため、「ラディカル・デモクラシーについてのバトラーの説明を評価する最大の問題は、それがこれまで詳しく明らかにされたことがない、ということにある(3)」とか、「[バトラーのラディカル・デモクラシーへの]訴えは、レトリカルな身振りに留まっている(4)」といった不満が、いたるところから聞こえてくるのにも理由がある。

したがって、このいまだ不透明なつながりを探求する価値はある。しかし本章が問題にしたいのは、バトラーに「民主主義論」が見当たらないことではない。むしろ真の問題は、民主主義への言及が多すぎることなのであり、これこそが、バトラーの関心のありかを見えづらくしているのだ。そこで、まずはこの絡まりを解きほぐすことから始めよう。

二、…………「再意味付け」の政治

バトラーからなにがしかの民主主義的なインプリケーションを引き出そうとする論者のなかには、彼女の「再意味付け re-signification」の議論に着目するものが少なくない。「変容をもたらすような政治実践として再意味付けを支持することは、バトラーの政治的プロジェクト一般の、より個別にはラディカル・デモクラシーについての彼女の理解の重要な一側面である」(5)とも言われるように、再意味付けの政治は、あるシニフィアン

(1) バトラー「普遍なるものの再演」『偶発性・ヘゲモニー・普遍性』二五頁。
(2)『民主主義の革命』およびヘゲモニーの概念が与えたインパクトを率直に語っているものとして、Judith Butler, "Further Reflections on Conversations of Our Time" (*Diacritics*, Vol. 27, No. 1, 1997) を挙げておこう。
(3) Moya Lloyd, *Judith Butler: From Noms to Politics*, Cambridge: Polity, 2007, p.148.
(4) Nancy Fraser, "Pragmatism, Feminism, and the Linguistic Turn", *Feminist Contentions: A Philosophical Exchange*, New York: Routledge, 1995, p. 163.
(5) Birgit Schippers, "Judith Butler, Radical Democracy and Micro-politics" Adrian Little and Moya Lloyd (eds.), *The Politics of Radical Democracy*, Edinburgh: Edinburgh University Press, 2009, p. 78.

を新しい可能性へと回付し、それを別様に領有・転用する実践にほかならない（よく挙げられる例では、クイア・ポリティクスにおいて、"queer"という記号をその否定的な響きから引きはがし、自己‐記述のための用語として転用したように）。

もとより、『ジェンダー・トラブル』がすでに、このような方向性を予示していた。ジェンダーが「起源なき模倣」に過ぎないことを暴き、パロディ戦略を通じたアイデンティティの脱構築と再意味付けは、覇権的《ヘゲモニック》な規範をパフォーマティヴに撹乱し、それを脱自然化するかぎりで、基礎付け主義への宣戦布告であった――バトラーがいわゆる「ポスト基礎付け主義」的な問題設定に近づくのはもう少しあとのことだ。その意味で、『ジェンダー・トラブル』の著者が、エルネスト・ラクラウとシャンタル・ムフのラディカル・デモクラシーに合流するのは、ほとんど必然的であったにちがいない。その著書『問題なのは身体だ *Bodies That Matter*』において、再意味付けは明確にラディカル・デモクラシーへと結び付けられている。

> それ〔＝シニフィアンの失敗〕こそ、シニフィアンを、新しい意味と政治的な再意味付けの可能性に開くことにほかならない。シニフィアンにおけるこの未決かつパフォーマティヴな機能こそ、私には、未来性というラディカル・デモクラシー的な概念にとって、決定的なことであるように思われる(6)。

ここでシニフィアンの支配的な意味付けを別のものへと対抗的にずらすバトラーの立場は、ある意味でアゴニズムの立場にきわめて近い。ビルギット・シッパーズが述べるように、再意味付けは、日常性に沈殿する規範や言語的意味をずらし、新しい意味をめぐる対抗的な空間を開くものと理解できる。

さらに『ジェンダーをほどく Undoing Gender』では、「生存可能な生 livable life」への権利のために、さまざまな根本的カテゴリーを、幅広い文化をもつ人々を包摂するような方向に再意味付けする必要が説かれている。しかし、かねてより批判されていたように、再意味付けそれ自体は政治的には両義的である――再意味付けは必ずしも民主的な帰結を担保するものではない――し、「生存可能な生」の内容もまた、進歩的にも反動的にもなりうる。このような隘路を前にしてバトラーが訴えるのが、またしても暴力を抑制し、いっそう包摂的でもあるラディカル・デモクラシーにほかならない。

私たちがこの問いに答えるために参照しうる規範は、再意味付けからは引き出しえない。規範はラディカル・デモクラシーの理論と実践から引き出されなければならない。そのため、再意味付けはそうした仕方で文脈化されなければならないのだ。(7)

(6) Judith Butler, *Bodies That Matter: On the Discursive Limits of "Sex"*, New York: Routledge, 1993, p. 191.
(7) Judith Butler, *Undoing Gender*, New York: Routledge, 2004, p. 224.

規範的なものの抑圧的性格を誰よりも敏感に感じ取り、それに抗っていたバトラーが、ここで規範に訴えることの〝気持ちの悪さ〟はひとまず措く。しかし厳密に言って、ラディカル・デモクラシーは、バトラーが期待するような規範を備給するものではなく、厄介な規範問題は外部委託されただけで何ら解決していない。別のところで議論したように、ラディカル・デモクラシーもまた抗争的な政治を歓迎するが、その帰結が進歩的で民主的であることを保障する理論ではないのだ。とはいえ、バトラーも指摘するように、再意味付けによって万事が解決するわけではないし、「唯一の政治戦略になりえるわけではない(8)」。したがって、再意味付けはバトラーの民主主義戦略にとって最後の言葉ではない。

三、……「競合する複数の普遍」をめぐって

一九九九年に出版された『ジェンダー・トラブル』第二版に付された序文によると、バトラーは「普遍性」についての考え方をあらためたらしい。つまり、自身の政治活動の経験を通じて、以前ではもっぱら否定的で、排他的なものと捉えていた普遍性を、非–実体的で未決のカテゴリーとして捉えるようになったという。そこには次のようにある。

〔……〕わたしは、どのようにしたら普遍性を明言することが予弁的でパフォーマティヴなものとなるかを理解するようになり、まだ存在しない現実を呼び起こし、まだ遭遇していない文化的地平が収斂する可能性を提示した。その結果、わたしは、普遍性に関する第二の見解を持つようになったのだが、その見解では、普遍性とは文化翻訳という未来志向の作業と定義される。(9)

こうして『ジェンダー・トラブル』以降、普遍性の再構築および文化翻訳の問題が、人々の民主的な連帯をつくるうえで、第一級の政治的課題として立ち上がることになる。(10)この関心がもっとも前景化するのは、ラクラウやジジェクとの共著『偶発性・ヘゲモニー・普遍性』である。同書のなかでバトラーは、ヘゲモニー論に精神分析の考え方――とりわけラカン的「現実界」――を導入することに警戒を示し、ラクラウやジジェクを牽制していた。バトラーを引用すれば、「ラクラウのなかに見られるラカン的命題――つまり《現実界》を、すべての主体形成の限界点とみなす考え方――は、彼がおこ

(8) ジュディス・バトラー「ダイナミックな複数の結論」『偶発性・ヘゲモニー・普遍性』三六五頁。
(9) ジュディス・バトラー「『ジェンダー・トラブル』序文」(高橋愛訳)『現代思想』(第二八巻一四号)、二〇〇〇年、七四頁。
(10) こうした関心の持続は、たとえば「偶発的な基礎付け」(一九九二)、「文化における普遍性」(一九九六)ような論考に確認することができる。

なっている社会や政治の分析と両立しえるかどうかについては、疑問に思う」（四七頁）。ごういうことか。バトラーが問題化するのは、主体構築にかんするラカン派の見方（たとえば欠如の主体や斜線を引かれた主体）が、ヘゲモニー戦略と最終的に折り合いをつけることができるのか、というものだ。たとえば、かりに主体形成が、現実界によってア・プリオリな仕方で限界づけられているとすると、ヘゲモニー論が前提にしていたはずの政治闘争のための偶発的な空間は、一定の枠組みのなかに制限されてしまうだろう。あるいはバトラーからすれば、「性的差異」を擬似−超越論的に捉えてしまうと、いかなるジェンダー・トラブルも、セクシャリティをめぐるヘゲモニー闘争も不可能になってしまう。「もしもこの位置づけを受け入れるなら、理念的なジェンダー二分法にきっちり当てはまらない性的身体が登場したときでさえ、性的差異そのものには超越論的な地位があると主張することになるだろう」（一九七頁）。このような批判に対し、ラクラウとジジェクは精神分析の有用性を擁護し、現実界の政治理論的な意義を説くことになるのだが、この応答についてはここでは割愛する。

他方で、同書から容易に看取できるように、バトラーの新しい普遍概念のほうは、ラクラウのそれとかなりのところ一致するものだ。ある論者が述べるように、「彼女はラディカル・デモクラシーについての説明の知的な資源を、ラクラウの普遍性についての議論から引き出している」(11)ことはまちがいない。ラクラウは、普遍と個別を相互に排他的なものとする従来の考えを強く退け、むしろ普遍的なものを個別的なものから立ち現れる一箇の地平として描き出した。すなわち、「一つの個別性の肉体が、普遍を表象する機能を引き受けるのだ」[12]。ラクラウはこれを「ヘゲモニー的普遍性」ないし「偶発的な普遍性」と呼んでいる。

普遍的なものは、個別的なものから超絶したものとはもはや観念されていない。むしろそれは、たとえば正義、自由、平和といった項目が等しくそうであるように、それ自体としてはいかなる具体性も指示しない形式、特定の内容を喪失した「空虚なシニフィアン」のことである。バトラーもまた、「社会が達成できる唯一の普遍とはヘゲモニーの普遍性——個別性に汚染された普遍性である」という言葉に「心から賛同する」[13]としており、両者は基本的な前提を共有しているといってよい。

それでは今度は、両者の普遍概念のちがいに注目してみよう。モヤ・ロイドも指摘するように、普遍を空虚な場と捉えるラクラウに対し、バトラーは「凡庸ではあっても有効な文化相対主義的立場」[14]から、普遍を文化ないしコンテクストと強く関連付けている。いかなる普遍もそれが主張される文化を前提とすることなしにはありえず、それは文化規範に汚染されたものでしかない。したがってバトラーにあっては「競合する複数の普

(11) Moya Lloyd, "Performing Radical Democracy", *The Politics of Radical Democracy*, p. 34.
(12) エルネスト・ラクラウ「普遍性の構築」『偶発性・ヘゲモニー・普遍性』三九八頁。
(13) ジュディス・バトラー「競合する複数の普遍」『偶発性・ヘゲモニー・普遍性』二二〇頁。
(14) 村山敏勝「主体化されない残余≠去勢」『現代思想』(第二八巻一四号)、二〇〇〇年、一九〇頁。

遍」が存在し、そのため複数の普遍のあいだには「文化翻訳」が必要となる。翻訳なしの普遍の拡張は、必定、植民地主義的なものにならざるをえないということだ。

バトラーにおいて、複数の普遍および「文化翻訳」がもつ民主主義的な含意は二重である。第一に、競合する普遍のあいだの翻訳実践は、新しい規範や語彙を組み入れ、それ以前の普遍を新しく組み替えるだろう。「翻訳がヘゲモニーをめぐる闘争に役立つためには、支配言説は、「見慣れぬ」語彙をそれ自身の辞書のなかに組み入れることによってそれ自身が変化しなければならない」[15]。

第二に、文化翻訳は同時に、異なった普遍を主張する人々や集団のあいだに共通の足場を発見させ、そのあいだの連帯をも可能にする。「政治的に必要とされる翻訳は、競合し重なり合う複数の普遍主義を裁定して、一つの運動に作り上げるための、翻訳の政治として理解されなければならないとわたしは信じている」（二二七頁）。

しかし、バトラーにとって民主主義は飽くまで「来たるべき」ものにとどまり、それが十全に実現することはない。それは次のような引用に明らかだ。

言いたいことはただ一つ、どんな目標が達成されるにしても（そして必ず達成されるのだが）、民主主義そのものはつねに達成されないということだ。個別的政治や立法的勝利は、民主主義の実践を汲み尽くすものではなく、民主主義の実践にとっては、なんとか永遠に現実化しないでいることの方が重要なことである。〔……〕思うに民主主義の理念性——完全で最終的な現実化に対する民主主義の抵抗——を保持しておく理由は、まさに民主主義が融解するのを防ぐためである[16]。

こうして普遍の再構築は、彼女の民主主義戦略の一角を占めていることがわかる。普遍的なものと個別的なものが最終的に一致しないこと、その未定性（open-endedness）にこそ、バトラーは民主主義の未来をみるのだ。

四、……………五感の民主主義

『自分自身を説明すること』でのいわゆる「倫理的転回」の前後から、バトラーは「五感の民主主義 sensate democracy」について語るようになる。だが、この構想も曖昧な仕方でほのめかされるのみであり、はっきりとした仕方で打ち出されるわけではない——。あるシンポジウムの記録によると、バトラーは「五感の民主主義」について説明を求められたさい、その二つの含意に言及している。それによると、第一に、民主主義は参加を条件としており、これは「世界について知り、判断し、それにかんして討議

（15）バトラー「競合する複数の普遍」『偶発性・ヘゲモニー・普遍性』二二七頁。
（16）バトラー「ダイナミックな複数の結論」『偶発性・ヘゲモニー・普遍性』三五三－三五四頁。

（deliberate）する能力、および世界の理解にもとづく決断をする能力」を伴う必要がある。そのためには、私たちは「イメージを見、声を聴き、さらに私たちが尋ねるよう求められる世界の匂いを嗅いで、それに触れなければならない(17)」。

五感で世界を感じ、それについて知ること、これは必ずしも自明なことではない。国家はしばしば情報を統制し、メディアを萎縮させ、人々は不都合な真実について容易に口をつぐむだろう。そうでなくても、人々の政治的無関心は看過しえないほど深刻なものになっている。バトラーは九・一一以後の米国の状況を引き合いに出しているが、こうした「世界疎外」は日常的に起こりうるし、民主主義をいっそう貧しくするものだろう。

これは「五感の民主主義」のもう一つの意味、すなわち悲嘆（grief）にかかわるものでもある。バトラーは同時多発テロで犠牲となった公式に嘆かれる生とは別に、その他の多くの嘆かれることなく、その喪失について絶対的に沈黙される生に注意を促している。つまり、誰が悲嘆に値するのかしないのか、私たちの感情は国家にあらかじめ規制されている。バトラーによれば、世界の現われは、何が物語られ、提示されるかで当然異なったものになるのであり、それがいかに枠付けされているかを知ることこそ、民主主義において最重要の関心事とならねばならない。

私たちは公的領域として何を知りうるのか、この制限を理解する必要がある。このことは、政治領域の境界画定——したがって、民主主義の境界を定めたり、さらにはそれを歪めたりすること――について思考するために決定的なことである(18)。

さらに五感の民主主義は、まさに五感を伴う「身体」を民主主義の問題として再提起する点できわめてバトラー的なものでもある。二〇一二年のアドルノ賞の受賞講演において、五感の民主主義は路上における身体、つまりは「集会《アセンブリ》」のテーマと結び付けられる。ここでバトラーは、アレントのいわゆる公／私区分が人々の「依存」を否認していると指摘し、相互依存にもとづく新しい身体政治の必要を提言している。つまり、人々の不安定性から出発し、身体の行為遂行的な政治的役割を認める必要があるのだ。したがって、言葉と自律した(男性的で異性愛的な)主体からなるアレント的共和主義は、五感を使った表現方法によって路の上で脱構築される。「共和主義的理想は今後、五感の民主主義に関するより広い理解へと道を譲らねばならない(19)」。

前章で議論したように、アレント的な公共性において、身体は必然的で画一的な生命過程にしたがうことから、政治の空間には相応しくないとされていた。しかしバトラー

(17) "Conversation with Judith Butler I: Compiled by Bronwyn Davies" *Judith Butler in Conversation: Analyzing the Texts and Talk of Everyday Life*, New York: Routledge, 2008, p. 3. また、「五感の民主主義」を扱ったものとして、Fiona Jenkins, "Sensate Democracy and Grievable Life", Moya Lloyd (ed.), *Butler and Ethics*, Edinburgh: Edinburgh University Press, 2015) を挙げておきたい。
(18) Ibid., p. 6.
(19) バトラー『アセンブリ』二七〇頁。

は、身体を画一的と捉えるこの臆見こそを問いに付している。すなわち、行為（活動）の複数性に対する身体の複数性が、「ビオスの複数性」に対する「ゾーエーの複数性」こそが、五感の民主主義の対象として切り出されてくるのだ。

五、空間のポリティクス

さて、『アセンブリ』の検討に先立ってまず言っておくべきことは、近年のアセンブリをめぐる問いが、空間のポリティクスを再考するものであるということだ。ある論者が「どうして現代の政治理論は、まったく最近になるまで、場所の力を見逃してきたのか」[20]と述べているように、空間の概念がもつ政治的意義はながらく見過ごされてきた。そこで空間の政治的性格はしばしば十分に認められないか、あるいはたとえ認められたとしても、たとえばパノプティコンをめぐる議論がそうであるように、その保守的な面が強調されることが多かったといえよう。例を挙げよう。藤原辰史『ナチスのキッチン』は、ナチス時代に家事や台所の合理化が進められたことに着目し、兵士をつくる権力の働きを鮮やかに描き出している。そのさい藤原はナチスの動員に「空間」が果たした役割を次のように強調している。

〔……〕ナチスの動員を読み解くにあたって重要なのは、「人」を埋め込む「空間」である、と私は考えている。「人」が「空間」に組み込まれ、「空間」が「人」を超越し、「空間」に「人」が支配される、というようなサイクルである。第三帝国がその軍国主義化を進めるうえで、もっとも小さな、しかし、もっとも重要な空間のひとつが台所だった。[21]

ここで空間は権力の重要な政治資源のひとつである。権力は巧みに空間に主体を配置し、誘導し、選択を促す。このような空間のもつ政治的特性を、より穏便なかたちで提出したのがリバタリアン・パターナリズムであり、つまりは「ナッジ nudge」をめぐる議論だろう。よく知られているように、セイラーとサンスティーンによれば、ナッジとは「選択を禁じることも、経済的なインセンティブを大きく変えることもなく、人々の行動を予測可能な形で変える選択アーキテクチャのあらゆる要素」[22]を指している。彼らが挙げている例を使えば、学校の食堂において食品の配置を変えることで、学生たちがより健康に良いものを選ぶよう促すような工夫のことだ（目線の高さにデザートではなくサラダをおくなど）。ここでのポイントは、強制することなしに、人々にとって望ましいとさ

（20）Margaret, Kohn, *Radical Space: Building the House of the People*, Ithaca: Cornell University Press, 2003, p. 19.
（21）藤原辰史『ナチスのキッチン――「食べること」の環境史』共和国、二〇一六年、三六八頁。
（22）セイラー・リチャード＋キャス・サンスティーン『実践行動経済学――健康・富・幸福への聡明な選択』（遠藤真美訳）日経ＢＰ社、二〇〇九年、一七頁。

れる選択を誘導することにある。空間はリバタリアン・パターナリズムにとって、重要な戦略資源のひとつなのである。[23]

このように、各分野で空間についての再検討が進められてきたとはいえ、空間の政治学についてはいまひとつ反応が鈍かったようだ。たとえば、一九九二年に発表されたドリーン・マッシーのある論考によれば、いくつかの空間の定義はなおも「そこから政治および政治の可能性を取り除き、そして空間的なものの領域を事実上、脱政治化している[24]」というありさまであった。

この傾向は、地理学のみならず、政治理論、とりわけ現代民主主義論においても顕著であるように思われる。そこでは、私たちの日常を構成する空間は、単に政治的行為やコミュニケーションが行なわれる器のようなものとして観念されており、空間それ自体が考察の俎上にあがることはそれほど多くはない。ある論者の言葉を引けば、「物理的空間の問題は、政治学者のレーダーにはまったく映っていない。「公共空間 public space」という言葉を用いる数少ない政治理論家であっても、それを「公共圏 public sphere」であるとか「公的領域 public realm」と互換的に用いている[25]」のであり、空間、もしくは場所が語られるときでさえ、空間それ自体についての省察はえてして不十分であった、さしあたりそういうことができよう。

だが、二〇一一年以降の世界的な抗議行動の出現は、少なからずの理論家たちを、あらためて空間に着目させる十分なインパクトをもっていた。たとえばジュディス・バトラーが、民衆の街頭デモについて次のように述べるとき、ここで空間そのものの性格が賭けられていることは明らかである。

もし私たちが、こうした群衆が集まる際にその空間の公的性格そのものが議論されており、争われてさえいる、という点を理解し損ねるなら、これら民衆デモについて重要な何かを見逃すことになる。〔……〕集団行動は空間そのものを集合させ、舗道を集め、建築を活気づけ組織化する、ということだ。〔……〕集会と発言がごのように公共空間の物質性を再構成し、そうした物質的環境の公的性格を生産あるいは再生産するのかを問わなければならない。(26)

(23) 付言しておけば、ベーコンの「ソロモンの館」、フーリエのファランジュがそうであるように、確かにある種のユートピア思想もまた、しばしば空間的に表象されてきた。とはいえだからといって、これらがラディカルな政治的想像力を解放する役割を果たしているかというと微妙なところがある。スタヴラカキスによると、「私が懸念しているのは、そのようなパラダイムやモデルが、ポスト・デモクラシー的な後期資本主義の都市に特徴的な、政治的なものの抑圧を再生産しているということだ」(Yannis Stavrakakis, "Antinomies of Space: From the Representation of Politics to a Topology of the Political", BAVO, (ed.), *Urban Politics Now: Re-Imaging Democracy in the Neoliberal City*, Rotterdam: NAi Publishers, 2007, pp. 148-49)。ユートピア思想は私たちを幻惑することで、ときに真の変革の可能性を抑圧することがある。

(24) Doreen Massey, "Politics and Space/Time", *New Left Review*, I/196, 1992, p. 66.

(25) John R. Parkinson, *Democracy and Public Space: The Physical Sites of Democratic Performance*, Oxford: Oxford University Press, 2012, p. 6.

バトラーがこう述べるとき、彼女が念頭においたもののひとつは米国におけるオキュパイ・ウォールストリートであったろうが、二〇一四年に起こった香港オキュパイもまた、日常の空間を政治化し、それらを名付け直すことで、民主主義のための抵抗の空間を創出するものであった。つまり、「権力の命名」を「民衆の命名」によって置き換え、日常に沈殿化した風景を未決の空間として再活性化しようとする、そのような実践だったのである。

ところで、香港の人々が空間の名を書き換えるときに依拠したものが"Democracy"というシニフィアンだったことは言及しておく価値がある。オキュパイの現場に足を踏み入れれば誰でも気付いたように、ストリートは"Democracy"という記号で溢れている。"Democracy Express Station"や"True Democracy"など、街は民衆の言葉で書き換えられているのだ。ここで彼らが用いる"Democracy"という言葉には、明らかに普通選挙の要求以上のものが含まれている。ここで"Democracy"はひとつの象徴として、つまりエルネスト・ラクラウであれば「空虚なシニフィアン」と呼ぶものとして機能している。(27) 雨傘運動下の香港でも"Democracy"は、普通選挙の実現あるとか、経済的不平等の是正といった字義通りの意味を超えて、さまざまな不満や要求の凝集点として、それらが書き込まれる空虚な普遍性として現れている。これこそ参加者の多様性をまがりなりにもひとつに束ね、運動を長期化／拡張していくにあたって不可欠の要素ではなかっただろうか。

さらに、占拠現場を歩けば分かるように、そこには私たちの情動を動員するためのいろんな仕掛けがある。たとえば、多言語で書かれたビラが壁を埋め尽くし、政治家を揶揄するブラックジョークによって本来ビジネスの中心街であった空間は埋め尽くされている。その写真や動画がたちまち世界中へと拡散されることで、彼らは香港市民のみならず、世界中のメディアと人々の連帯を調達することに成功した。運動は占拠の場を観光地化し、多くの見物人が溢れかえることで、またしても新たなイメージが拡散されていく――。

それでは、民主主義の根源化にむけた空間‐戦略をどのように描き出せるだろうか。「空間は必ずしも保守的なものではない。〔……〕国家やその他のヘゲモニー的な諸権力による空間の操作――伝統的な記念碑の役割、オスマンのパリ改造、ベンサムのパノプティコンがまさにそのような操作のよく知られた三つの事例だろう――が唯一存在する可能性ではない」[28]。空間を保守的なものとして捉える大勢の伝統的な見方に対し、マーガレット・コーンは「空間の社会的かつ象徴的特質は同時に、変革を起こす政治的プロジェクトにとっても重要な資源となりうる」とし、次のように述べている。

(26) バトラー『アセンブリ』九五‐九六頁。
(27) Ernesto Laclau, *Emancipation(s)*.
(28) スタヴラカキス『ラカニアン・レフト』一七九頁。

政治空間は、新しいアイデンティティや実践を展開するに際立った場所を創出することによって変化を促す。場所の政治的権力は、社会的、象徴的、経験的次元を結び付ける、空間がもつ能力から生じる。変革に向けた政治は、これらの諸次元を切り離したり、並べたり、ふたたび結合することから生じているのだ[29]。

コーンが着目するのは、祝祭や都市の広場、労働会議所といったストリート・レベルでのミクロな権力の場であり、これらは国家の管理の外部で政治的な場を構成している。ついでに言えば、彼女はこれらを「ラディカル・デモクラシーの空間」と呼んでいる。

さらに、エドワード・ソジャが「社会‐空間弁証法」として展開しているように、「空間それ自体は原初的な所与かもしれないが、空間編成や空間の意味は、社会的な翻訳・変形・経験の所産[30]」である。だとすれば、社会を言説的な構築物と捉え、さまざまなセクターや要求のあいだに等価性の連鎖を構築するラディカル・デモクラシーにも同じことが当てはまるだろう。ラディカル・デモクラシーは、日常空間を所与のものとしてではなく、それを一箇の言説的構築物と捉えることで、その意味付けをめぐる闘争に介入し、デモクラシーの空間を新しく創出するのである。

六、……………「相互依存」のアセンブリ

ようやく複数の読解を許すテクスト、『アセンブリ』の検討に移ることができる。『アセンブリ』においてバトラーは、アレントの議論を集中的に検討しているが、すでに言及したように、バトラーはもともとアレントの公／私区分の考え方を批判していた。つまり、バトラーはかつて、アレント的な公／私区分のことを「反民主主義的な心性」とまで言いつつ、ラディカル・デモクラシーの展望とは相容れないという、かなり厳しい見方を示していたのだ[31]。しかし同書では、同様の批判をアレントの限界として反復しつつも、そのトーンは幾分弱まっているように見える。それどころか、バトラーはアレントの思想、とりわけ複数性という考え方のなかに、「特定の形式の政治のためのガイドラインとなる、共生についての倫理的見解[32]」を見出しているのだ。そしてこの特定の政

(29) Margaret Kohn, *Radical Space*, 2003, p. 4.

(30) エドワード・ソジャ『ポストモダン地理学——批判的社会理論における空間の位相』(加藤政洋ほか訳)青土社、二〇〇三年、一〇六頁。

(31)「公的なものが立ち現れるときには、かならずある種の住人を私的な事柄に、つまり前政治的事柄に追い遣るのではないでしょうか。そしてそのことは、ラディカルな民主主義の政治的展望としては、根本的に受け入れがたいものではないでしょうか」。Judith Butler and Gayatri Spivak, *Who Sings the Nation-State?: Language, Politics, Belonging*, London: Seagull Books, 2007, pp.22-23.(＝竹村和子訳『国家を歌うのは誰か?』岩波書店、二〇〇八年、一五 - 一六頁)。

治の形式とは、不安定性と可傷性に曝された私たちの生の条件に根ざすものであり、こうした共生の倫理が、バトラーにおいてデモクラシーを語るうえでの前提となっていることは言うまでもない。

さて、こうしたアレント評価のゆらぎを確認したうえで、つづいて特筆しておくべきは、そのネグリ＝ハート批判である。彼らがほとんど同時期に、同じ政治的現実に触発され、「集会《アセンブリ》」という戦略を採用しているにもかかわらず、バトラーはそこにマルチチュードの政治を認めなかったようだ。

しかしながら例えば、デモクラシーはマルチチュードが押し寄せる出来事として理解されなければならない、という考えを保持する政治的見解についてはかなり疑いを持っている。私はそのようには考えていない。私には、次のように問わなければならないように思われる。何がそうした集団を団結させているのか、どんな要求が共有されているのか、あるいは、どんな不正義と生存不可能性の感覚が、どんな変化可能性の徴候が、様々な物事に関する集団的意識を高めているのか、と。(33)

ここでバトラーがひっかかっているのはこういうことだ。マルチチュードという群衆の出現に心踊らせる左派的な心性は理解できるものの、それがどのような諸要求ないし共通感覚によって結びつけられているのか、それこそを問う必要がある。これはまずもって政治的節合の問題である。つまり自然発生的なマルチチュードではなく、諸要求を媒介する政治的節合のあり方が問題なのだ。このような批判は、〈人民〉の構築をめざす「左派ポピュリズム」陣営ではよく知られたものだ。ラクラウとムフが繰り返し批判してきたように、マルチチュードが特異性かつ多数性を手放そうとしないかぎりで、運動を組織化するような政治的節合への問題意識がかなり希薄なのである。

しかし、じつを言えば、ネグリ＝ハートがこれらの問いを無視しているわけではない。たとえば二〇一七年に刊行された『アセンブリ *Assembly*』では、運動における「指導者」の存在と役割を、それがマルチチュードに従属するかぎりで認めている。つまり、指導者と大衆のあいだにあったヒエラルキーを転倒し、「戦術」を指導者に、「戦略」を運動に割り当てることで、主導権はマルチチュードに残るというのだ。[34]これはかつて彼らがマルチチュードを「指揮者のいないオーケストラ」に喩えていたことからすると、小さくない態度変更といえる。

さらに、同じテクストにおいてネグリ＝ハートが、シュンペーターのアントレプレナーを再評価していることは興味深い。『経済発展の理論』のシュンペーターによれば、

（32）バトラー『アセンブリ』一四九頁。
（33）バトラー、同前、一七六頁。
（34）Michael Hardt and Antonio Negri, *Assembly*, Oxford: Oxford University Press, Chap. 2.

新結合および創造的破壊を遂行する人物、すなわち「その遂行に当って能動的要素となるような経済主体」が「アントレプレナー」である。しかしここで重要なことは、「アントレプレナー」が何か特定の「職業」や「資本家」をさすものではないということだ。むしろ新結合の機能を果たすあらゆる個人が、その機能を果たすかぎりにおいて「アントレプレナー」と呼ばれるのである。そうであれば、アントレプレナーシップは必ずしも資本主義と運命を共にするわけではない。

ネグリ＝ハートは、このアントレプレナーシップの概念をマルチチュードの政治に取り込もうとする。マルチチュードが創造的な社会的生産をおこなうこと、これこそアントレプレナーシップがもたらす新結合そのものであり、そのようなものとしてこの概念を取り戻す必要がある。

私たちが主張したいことは、アントレプレナーシップは何よりもまず、マルチチュードに属しており、協調的な社会的生産や再生産にむけたマルチチュードの諸能力の名であるということだ。ほかの政治用語と同様に、アントレプレナーシップも転用され、ゆがめられてきたのだ。それを取り戻し、それは私たちのものであると主張する必要がある。(35)

このように、近年のネグリ＝ハートの議論では、指導者の役割を一定程度認め、最小限の垂直的な関係を認めており、他方で指導者にではなく、マルチチュードのほうにアントレプレナーシップを認めることで、主導権は後者にあるという議論を展開している。シャンタル・ムフはあるところで、ネグリ＝ハートのこの「転向」に触れ、彼らが脱出戦略を放棄し、権力を取りに行く必要をようやく認めたと意地悪く評価しているが、そうであれば、〈人民〉か〈マルチチュード〉かといった旧来の二項対立は、今後どれほど政治的に意味のある対立として残るだろうか。[36]

バトラーに話を戻そう。いずれにせよバトラーの関心は、マルチチュードの蜂起にはむけられていない。ところで、さきのバトラーの引用からは、もう一つのインプリケーションを引き出すことができる。それはバトラーが〈人民〉について、とりわけ「誰が〈人民〉に数えられるのか」について語っていることに関係している。

まず、「包摂性がデモクラシー、とりわけラディカル・デモクラシーの唯一の目的ではない」[37]とするバトラーにとって、排除された人々を包摂しようというリベラル・デモクラシー的な企図が重要なのではない。〈人民〉は行為遂行的な現われであり、その構成にあたっては「構成的外部」を必要とする。したがって、バトラーがみるのはここで

（35）Ibid., p. 139.

（36）ネグリ＝ハートの最近のテクストでは、両者の距離はいっそう縮まっているように思われる。Michael Hardt and Antonio Negri, "Empire, Twenty Years On", *New Left Review*, 120, 2019.

（37）バトラー『アセンブリ』一一頁。

も単一の〈人民〉ではなく複数の〈人民〉であり、承認された〈人民〉と承認されない〈人民〉、あるいは街頭に現れる身体と、何らかの理由で現れることのない身体がつねに存在する。そしてラディカル・デモクラシーは、これらのあいだの交渉によって、〈人民〉の境界画定をつねに問い直し、変容し、名付け直すことを求めるのである。

とはいえ、ここでバトラーの議論はやはり慎重かつ両義的なものであり、〈人民〉を構築するポピュリズム戦略にやすやすと与するわけではない。「街頭の諸身体」という左派にとっては「スリリングな」表象に釘を差しつつ、バトラーは集会における〈人民〉の現われがそれ自体では良くも悪くもないことに注意をむける。とはいえ、集会の性格を区別する手がかりがないわけではない。バトラーによれば集会は、私たちが生きようとする社会を予兆するものであり、「ラディカル・デモクラシー的潜勢力を持つと主張する集会は、熟議の様態を形成する傾向があり、平等、暴力への抵抗、そして自由の公的行使の擁護に依拠した統治様態を開始し、例示し、あるいは予示[38]」するものだろう。したがって私たちが評価すべき集会とは、人々の不安定性をもとに、生の諸条件を確立する、そのような闘争でなければならない。

ここにバトラー的捻りがある。彼女が民主主義的な連帯の条件に据えるのは、私たちの不安定性と可傷性であり、生のあやうさを生きる人々の関係性は、「根源的な依存」ないし「相互依存」という言葉で表現されるだろう。しかしそれは通常、私たちがその言葉から連想するものとはいささか異なったものだ。すなわち「相互依存は何らかの美しい共存状態であると想定することはできない、それは社会的調和と同じものではない」[39]。別言すれば、私たちは集会において他者に依存しつつも、同時に脅かされる可能性に曝されているという、きわめて逆説的な状況におかれている。

諸集団が諸々の集会として形を取るとき、それらは必ずしも互いに愛し合ってはいません。それらの間の絆は、必ずしも愛ではありません。それらは、自らが何に反対し、何を必要としているかを知っており、共に行為する政治的必要を知っています。それらは、行動のために互いに依存し合っています。各自は同時に支えられており、支えており、そうして、それらが必要とする相互依存を仮に分節しているのです。[40]

集会《アセンブリ》において私たちは他者に依存して存在するが、バトラーは、その他者が意図的な合意によって選ばれたわけではないこと、つまりその予測不可能な性格を強調している。この相互依存における（潜在的な）ズレ、バトラーはこのような関係性にこそ連帯の可

（38）ジュディス・バトラー「恐れなき発言と抵抗」（佐藤嘉幸訳）『現代思想』（第四七巻三号）二〇一九年、九五頁。
（39）バトラー『アセンブリ』一九六頁。
（40）バトラー「恐れなき発言と抵抗」九七頁。

能性をみようとしている。その意味で、バトラーにとって集会《アセンブリ》は強度の抵抗運動であるのみならず、一つひとつの生の寄る辺なさを赤裸々にするものなのだ。

さて本章では、再意味付け、普遍性と文化翻訳、五感の民主主義、そして相互依存のアセンブリを中心に、バトラーの思想をぐるりと見渡してきた。すでに明らかなとおり、バトラーの思想にはひとつではない、複数の民主主義へのチャネルが存在する。それでは、これらを貫くモチーフは何だろうか？　そのようなものがあるのだろうか？　ここで私たちは、およそ三〇年前に書かれたテクスト『ジェンダー・トラブル』にもう一度引き戻される。

おそらくそもそも連帯（coalition）というのは、その内部の矛盾を認め、それはそのままにしながら政治行動をとるはずのものではないか。またおそらく対話による理解が引き受けなければならない事柄のひとつは、相違や亀裂や分裂や断片化を、しばしば苦痛をともなう民主化のプロセスのひとつとして受け入れることではないか。(41)

空虚なシニフィアンのもとでの同一化でも、おのおのの特異性に拘るのでもない連帯。不和と不快感を抱えつつも、それでもまずは一緒にいようとする、こうした付かず離れずの距離感が、バトラーのデモクラシー的連帯への展望を支えている。こうしてできあがる「とりあえずの連帯」(「創発的連帯 emergent coalition」)こそ、たえず自己変容を求めつつ、共にあることを諦めない思想家ジュディス・バトラーに相応しいのかもしれない。

(41) ジュディス・バトラー『ジェンダー・トラブル——フェミニズムとアイデンティティの撹乱』(竹村和子訳)青土社、一九九九年、四二頁。

第六章 ポスト・ネイションの政治的紐帯のために

一、……………はじめに

政治学者の宇野重規は、ピエール・ロザンヴァロンの「政治」と「政治的なもの」の区別に依拠しつつ、社会的紐帯と政治の関係を問うている。それによると、ロザンヴァロンにおいて、分化したサブシステムのひとつである「政治」とは区別される「政治的なもの」は、「「社会」全体の意味と規則が論争を通じてたえず作り直される「働き」と「場所」」を指している。そう要約したうえで宇野は、後者の「政治的なもの」こそが、社会的紐帯の再生にかかわるべきであると述べる。

そうだとすれば、「政治」ではなく「政治的なもの」が社会的紐帯に積極的にかかわるべきではないのか。〔……〕「政治的なもの」とはまさに、人々が共生するための条件を論争と対立を通じて作り出し、再定義し続けることである。そうである以上、「政治的なもの」が狭義の「政治」の領域を超えて、人々の〈つながり〉を創造することに寄与すべきことは自明ではなかろうか。(1)

こうして宇野は、現代における「個人化」を前提に、「個人の思いを超えたところにある超越的な意味の回復ではなく、まさに一人ひとりから出発した共通の意味の創出」(『政治哲学的考察』三五九頁)のために、「政治的なもの」が果たす役割に期待をかける。

ところで、このような「政治的なもの」の理解を、政治理論家エルネスト・ラクラウもまた共有している。ラクラウの著作において「政治的なもの」とは、ある枠組みにおいて行なわれる通常の「政治」とは異なり、その枠組みそのものの再審によって、社会的な諸実践のなかで忘却された原初の偶発性をあらわにし、新しい社会関係を創出し直す契機として理解されていた。そしてラクラウにとって、とりわけポピュリズムこそ政治的なものの論理を体現するものであったことを想起すれば、政治的なものという概念を介して、社会的紐帯とポピュリズムというほとんど相容れないと思われた両者が邂逅しうる場が開けてくる。

しかし、この出逢いは見た目以上に困難である。というのも現代政治において、ポピュリズムないしポピュリストという言葉が、政治的敵手への罵倒語として使用され、それらはえてして敵を名指すことで社会を二分し、社会的連帯を破壊するものとして考えられていることがほとんどだからである。この代表的な論者は、ヤン＝ヴェルナー・ミュラーである。ミュラーはポピュリズムの民主主義的効用を唱える論客を牽制しつつ、その反－多元主義的性格を厳しく批判している[2]。

このような人口に膾炙した理解に反して、本章の挑戦は、ポピュリズムを政治的紐帯を創出するものとして再評価することである。社会的紐帯や、それを制度化した福祉国家が「有機的対面的連帯の崩壊に対する形式的匿名的連帯の試み[3]」のことであるとして、それは「私たち」という政治的アイデンティティを必要とするはずだ。じっさいに近年の英国や南欧、さらには米国における「左派ポピュリズム」の台頭は、単に移民や失業者を社会的負担として切り捨てようとする排外主義的ポピュリズムとは異なるつながりの方途を指し示している。ポピュリズムを、社会を分断するに止まらない新しい紐帯関係を創出するポリティクスとして描けるのではないか、これが私たちを導く直感である。

このため本章ではまず、社会的紐帯が置かれた状況とそれを回復しようとするいくつかの企図を概観し、そこから導かれる政治的紐帯のありようが、しばしばネイションの

(1) 宇野重規『政治哲学的考察――リベラルとソーシャルの間』岩波書店、二〇一六年、三五七頁。
(2) ヤン＝ヴェルナー・ミュラー『ポピュリズムとは何か』(板橋拓己訳) 岩波書店、二〇一七年。
(3) 新川敏光「福祉国家の危機と再編――新たな社会的連帯の可能性を求めて」齋藤純一編『福祉国家／社会的連帯の理由』ミネルヴァ書房、二〇〇四年、一三頁。

罠に陥っていることを示す。次に、エルネスト・ラクラウのヘゲモニー論の変遷を追跡し、それが下からの民主主義的な運動論から、しだいに上からのポピュリズム的な動員を強調するようになったことを明らかにする。しかしこれにより、ラクラウのヘゲモニー論はある独特な問題を抱えることになるだろう。本章では、この問題を指摘したデリダ派マーティン・ヘグルンドとラクラウの論争を手がかりに、ヘゲモニー論が精神分析理論の用語でもって語り直されるのを見ることにする。最後に、ラクラウのポピュリズム論が、どのような仕方で既存の集合的アイデンティティ（たとえばネイション）をずらし、新しい政治的紐帯の可能性を示しているのかを考察することにしたい。

二、……紐帯とネイションの罠

イデオロギーとしてのネオリベがほとんど思考停止にも似た拒絶反応を引き起こすなか、それが現実にもたらした影響についても次第に明らかになってきた。なかでも「プレカリアート」と呼ばれる「新しい階級」の出現は、労働と生活という私たちの社会のもっとも基礎的な部分をめぐって、人々のあいだに容易には取り繕い難い分断を引き起こしている。(4)

社会的紐帯の衰退へのかなり早期のリアクションは、八〇年代以降のフランス社会学から現れた。そこでは、福祉国家の凋落に伴って生じた「新たな社会問題」（カステル）への歴史的分析や、人々の社会的紐帯を結び直すためのさまざまな方途が議論された。政治学では、社会的連帯の凋落の問題はおもに、福祉国家の危機として語られてきた。新川敏光が指摘するように、「一九七〇年代半ば以降ブレトンウッズ体制の崩壊とスタグフレーションを背景に、先進諸国で福祉国家を専ら経済的マイナス要因として論ずる風潮が広まる」[5]り、社会保障支出には厳しい眼差しが向けられることとなったのである。そのような状況において、新自由主義イデオロギーが撒き散らした相互不信によって引き裂かれた人々の社会的連帯を、どのように再創出するのかが重要な課題として認知されることになる。

ところで、社会的なつながりの再生のためには、その前提として、「私たち」という共通のアイデンティティ、つまりは政治的な紐帯が不可欠である。しかしその場合、集合的アイデンティティの仮託先が、しばしばネイションに収斂されてきたことに注意する必要がある。たとえばドミニク・シュナペールは、英米的な多文化社会を批判し、諸民族を統合し、「市民の共同体」を形成する政治的プロジェクトにおいて「ネイション」が果たす特別な役割を強調する。[6] あるいはピエール・ロザンヴァロンであれば、

（4）ガイ・スタンディング『プレカリアート——不平等社会が生み出す危険な階級』（岡野内正監訳）法律文化社、二〇一六年。
（5）新川敏光「福祉国家の危機と再編」『福祉国家／社会的連帯の理由』一四頁。
（6）ドミニク・シュナペール『市民の共同体——国民という近代的概念について』（中嶋洋平訳）法政大学出版局、二〇一五年。

「今日において、何らかのかたちで「国民を再創造する」ことなしには、すなわち、相互的な社会的負債の認識が根付く基礎となる公民精神の土壌を再生することなしには、福祉国家を維持するのは不可能である」[7]として、社会的連帯の再生のためには「国民の再創造」が不可避であると語る。

さらに、おもに英国から発信され、社会的連帯への危機的な意識から考案されたリベラル・ナショナリズムも、人々の多様な価値観を共存させるという建前はあるものの、ナショナルなものによって社会的な連帯をふたたび基礎付ける企図であったと理解できる。しかし齋藤純一が指摘するように、「福祉国家における社会保障には集権性や排他性をはじめとする数々の問題があり、そもそも、国家が社会保障において特権的な位置を占めるべき理由もない」[8]とすれば、私たちはナショナルなものによる社会的連帯の再創造といった問題に、もっと用心すべきであることはいうまでもない。

じっさい、社会的紐帯や福祉国家の再興のナショナルなものへの回収は、いくつもの困難を引き起こしている。つまるところネイションを中心に社会的連帯を再生しようとする試みには、容易に他者を排除する、排他的で不寛容な紐帯に陥ってしまう危険性が潜んでいる。たとえば政治学者の水島治郎は、オランダ政治の変遷を追うなかで「「包摂的」で先進的と目される福祉国家においてこそむしろ排外主義が生じている、というパラドクス」[9]を指摘している。水島によれば、これは福祉国家が「ワークフェア型」、つまりシティズンシップを全員に保障するのではなく、帰属するコミュニティに「参加」し、「責任」を果たすことのできる個人に限定するようになったことと無関係ではない。このような社会では、移民や難民は、シティズンシップの不適格者とみなされ、社会的紐帯から排除されやすい。ここで包摂は排除を解決する手立てではなく、むしろ排除を粛々と進めるための方便として機能するのだ。次の一文は決定的に重要である。

「包摂」と「排除」は矛盾するものではない。むしろ再編を進める福祉国家が、「参加」のロジックに基づき「包摂」を進めようとすれば、「包摂しがたい」存在をあらかじめ排除しておくことが、必然的な選択となる。(10)

ネイションにもとづく社会的紐帯は、したがって、他者の排除を容易に引き寄せるだろう。私たちがその結び直しを求める社会的紐帯が、この類の福祉ショービニズムでないとすれば、ネイションを軸としない政治的・社会的紐帯を構想する必要がある。

本章では、「私たち」という政治的紐帯を創出するための理論としてエルネスト・ラ

(7) ピエール・ロザンヴァロン『連帯の新たなる哲学——福祉国家再考』(北垣徹訳) 勁草書房、二〇〇六年、六九頁
(8) 齋藤純一「社会的連帯の変容と課題」『福祉国家/社会的連帯の理由』三頁。
(9) 水島治郎『反転する福祉国家——オランダモデルの光と影』岩波書店、二〇一二年、一九〇頁。
(10) 水島治郎、同前、一九二頁。

クラウの議論を取り上げよう。その予備的な作業として次節では、ラクラウのヘゲモニー論に立ち返っておきたい。あまり注目されることはないが、ラクラウのヘゲモニー論は、それが議論される時期によって、その提示のされ方が微妙に異なっている。第二章でも議論したように、ここではヘゲモニー論が語り直されるにつれ、それが精神分析理論に接近していくことが重要である。そして精神分析を経由したことで、彼のヘゲモニー論と民主主義の理論はよりはっきりと、ポピュリズムのそれとして提示されることになるのである。

三、ヘゲモニー論と精神分析理論——結節点から空虚なシニフィアンへ

エルネスト・ラクラウのポスト・マルクス主義およびラディカル・デモクラシー論は、敵対関係を梃子に、ヘゲモニー戦略を通じて政治的紐帯を紡ぎ出すプロジェクトであったと言うことができる。再度振り返っておくならば、『民主主義の革命』においてラクラウ＝ムフは、マルクス主義の遺産としてヘゲモニーの概念をグラムシから継承し、独自の捻りをくわえて展開したわけだが、それはマルクス主義における必然性の論理を否定し、偶発性の論理を受け止めることで可能となったパースペクティヴでもあった。したがってヘゲモニーとは、社会空間を居心地悪く漂う諸要素やアイデンティティを、彼らが「等価性の連鎖」と呼ぶある種の（政治的）紐帯へと節合するものだ。

ここで重要なことは、ラクラウの理論的経歴のなかでヘゲモニー論が何度か語り直されるにつれ、その強調点が移動しているということだ。デイヴィッド・ホワースによれば、ラクラウのヘゲモニー論にはおよそ三つのモデルを観察することができる。第一のそれは一九七〇年代の代表作『マルクス主義における政治とイデオロギー』で議論されたものである。そこでヘゲモニーは、社会諸階級が人民＝民主主義的審問を節合し、その利害や価値観に合うよう社会を変革しようとする実践と理解されていた。そのためこの段階でヘゲモニー概念は、彼がのちに批判することになった階級還元主義と地続きであったと言えるだろう。

第二のモデルは、『民主主義の革命』で示されたものである。第二章でも述べたように、同書において社会空間は言説的構築物として捉えられ、ヘゲモニー的節合は、結節点を中心にして、不安定な諸要素の意味とアイデンティティを固定する政治的プロジェクトとされていた。この著作においては、敵対勢力に対抗し、服従関係を抑圧関係へと変容しながら等価性の連鎖を拡張することが、ラディカル・デモクラシーとして定式化された。

最後に第三のモデルは、依然としてデリダに負うところは大きいものの、ラカン派精神分析の影響が明確に前景化している。ジジェクの批判を受けたことで、主体位置ではなく「欠如の主体」という主体モデルが導入され、さらに、多様な諸要素をまとめる特権的な役割を果たすものとして、結節点ではなく「空虚なシニフィアン」という語が採用される。空虚なシニフィアンは複数の政治的プロジェクトを全体として代表＝表象する普遍的機能を担うものであり、ヘゲモニーとはつまるところ、どの政治勢力がこの空虚な位置を占めるかという問題となる。個々のセクターはこの空虚なシニフィアンとの同一化によって、一時的とはいえ、みずからのアイデンティティの欠如を満たすのである(11)。

さて、ヘゲモニー論の変遷過程を以上の三つに区分できるとして、本章ではこの第三のモデルに着目したい。なぜなら、この第二モデルから第三モデルへの移行こそ、ラディカル・デモクラシーにおけるポピュリズム的側面を強く押し出すものであったと考えるからだ。このことはたとえば、九〇年代以降ラクラウが集中的に取り組んだ「普遍と個別の弁証法」の議論によく示されている。第五章でも言及したように、ラクラウはそこで、普遍と個別を相互に排他的なものとする従来の考えを強く退け、普遍の機能をある個別が引き受ける、「ヘゲモニー的普遍性」として描き出した。普遍的なものが個別的なものの只中から現われるそのかぎりで、普遍が純粋な普遍性ではなく、つねに個別的なものの染みをまとっているという、普遍と個別の新たな関係を提示したのである。

さらに付け加えておけば、この普遍をめぐるポリティクスは、「内在性の政治」とは鋭く対立する「超越性の政治」として提示される。ラクラウは「人々の反乱への自然で健全な嗜好」を前提とするネグリ＝ハートの問題点を次のように指摘している。第一に、マルチチュードの統合についてのビジョンがあまりにも楽観的であること、第二に、ネグリ＝ハートが帝国内部で起こる対立の重要性を十分理解していないこと、最後に、彼らの図式では、帝国とマルチチュードの権力のあいだの切断について、首尾一貫した説明を与えられないことである。この最後の批判は『帝国』の著者のみならず、内在主義的アプローチ一般にも向けられていると読むべきだろう。内在性の立場を採り続けるかぎり、「その説明は、断絶と連続性のあいだの決定不可能な領域で、居心地悪く宙づりにされてしまう[12]」。

ラクラウにとって内在性の平面から逃れ、新しい領域を導入するために必要なのが「超越性 transcendence」である。しかし普遍の構築がつねに不完全なものにとどまったのと同じく、「社会的領野は、完全に内在的な構造でも、何らかの超越的な構造の結果でもなく、むしろわれわれが「失敗した超越性」と呼ぶであろうものを通じて構造化されている」（『ポピュリズムの理性』三二四頁）。ラクラウの他のカテゴリーがそうであるように、超越性もまた不在の現前、構成的な欠如に貫かれており、いかなる実体をもって現れるものではないかぎりで、それを「開かれた超越性」と考えることもできる。こうしてラクラウは、ネグリ＝ハートをはじめとする内在性に基づくアプローチから離れ、超越性の政治による、ヘゲモニー闘争を通じた節合実践の必要性を主張するのである。

ところで、水平的関係か垂直的関係かの変型である内在性か超越性かという論点は、

（11） David Howarth, "Hegemony, Political Subjectivity, and Radical Democracy", Simon Critchley and Oliver Marchart, (eds.), *Laclau : A Critical Reader*, London: Routledge, 2004, pp. 258-262.

（12） ラクラウ『ポピュリズムの理性』三二三頁。

ラディカル・デモクラシー論において一時期のあいだ盛んに議論されたものである。たとえばマーク・ヴェンマンのような論者は、新しいものが現れる決定的な瞬間を適切に概念化できるのは「ラディカルな否定性」に頼るほかないとし、内在性の哲学に対し、ラクラウの「失敗した超越性」を肯定的に評価している。(13) あるいはその他の評価として、それぞれの陣営の強みを生かすことで、それらを統合し、ラディカル・デモクラシー論内の複雑性を縮減する立場も存在する。すなわち、ラクラウの超越モデルとネグリの内在モデルのどちらかを選ぶのではなく、むしろ両者のブレンドを考えるのだ。あれかこれかという盲目的な脅迫に抗し、「両方のロジックへの批判的応答性(14)」を涵養することが、ラディカル・デモクラシーには必要なのである。この立場は、第二章で提示した男性の享楽と女性の享楽の二者択一を拒否する両義的な戦略に通じるものだろう。(15)

いずれにせよ、ラクラウのヘゲモニー論の論調は、下からの自発的なデモクラシーの構成というかつてのそれとは幾分違って、どちらかといえば上方から「人民」を構成する政治的プロジェクトとして再彫琢されている。本章の関心からこの強調点の移動が興味深いのは、これによりヘゲモニー論と精神分析理論との近接性がいっそう明瞭になるからだ。第二章でも検討したように、たとえば、普遍と個別の不純な弁証法における同一化を支えるものとして、ラクラウは情動の次元を導入する。デモクラシーの主体は合理主義的で理性的であることに尽きるわけではなく、まずもって情動の主体であって、ラクラウは対象との同一化へと主体を駆り立てるものを「ラディカルな心的備給」と呼んでいた。精神分析的な備給と同一化のロジックは、政治的なヘゲモニーの論理と同一視されるのだ。ラディカルな心的備給こそ、ある個別的な対象を普遍的な次元（対象a）にまで押し上げ、それとの同一化へと主体をたきつける。ここでは明確に、草の根的な等価性の連鎖の拡張という側面よりも、それを全体として代表＝表象し、普遍性を構築するという側面にヘゲモニー論の焦点が当てられているのが分かるだろう。

しかし、精神分析を経由したラディカルな心的備給の議論は、ヘゲモニーとラディカル・デモクラシーの理論に、すなわち政治的紐帯を構築するプロジェクトにある深刻な問題を引き起こすことになる。次節では、デリダ派マーティン・ヘルグンドとラクラウの論争を取り上げ、ヘゲモニー論と政治的紐帯の難問について考察することにしたい。

四、……………民主主義と享楽の論理――ラクラウ＝ヘグルンド論争をめぐって

マーティン・ヘグルンドは、デリダの脱構築を宗教的な枠組みに回収しようとする

（13）Mark Wenman, "William E. Connolly: Pluralism without Transcendence", *BJPIR*, Vol. 10, 2008.

（14）Alexandros Kioupkiolis, "Radicalizing Democracy", *Constellations*, Vol. 17, No. 1, 2010, p. 150.

（15）この問題はまた、ラディカル・デモクラシー研究においては、豊穣（abundance）か欠如（lack）か、という二項対立によって表現されてきたものでもある。これについてはLars Tønder and Lasse Thomassen, (eds.), *Radical Democracy: Politics between abundance and lack* (Manchester: Manchester University Press, 2005) を参照されたい。

試み――とりわけジョン・カプートのそれ――に対抗して、「ラディカル無神論 radical atheism」という立場を打ち出している。それは神や不死性という観念を拒絶し、「欲望されるあらゆるものはその本性上可死的である」(16)ことを生の条件として認めるものである。しかしラディカル無神論は伝統的な無神論とは異なっている。つまり、伝統的な無神論が宗教的な救済への希望を否定するのに対し、ラディカル無神論は「生き延び survival」という概念のもとで、救済の欲望を別様に理解できるようにする。ここで「生き延び」は、不死性ではなく、ラディカルな有限性を肯定するものとして導入されている。

生き延びの論理は、私がデリダのラディカルな無神論と呼ぶものの核に位置する。要するにラディカル無神論が示そうとするのは、生き延びの時間的有限性とは、われわれが克服したいと望む存在の欠如ではないということである。むしろ時間的有限性ゆえにこそ、ひとは第一に生を配慮するのである(17)。

生き延びの欲望からすると、不死の状態は「死を埋め合わせるよりも、死を引き起こす」。こうしてラディカル無神論は、生き延びという痕跡的な構造を導入することで、「宗教的概念を外から批判しようとするわけではなく、むしろ宗教的概念を自らに抗するものとして読むことを試みており、その結果それら概念が持つ無神論的かつ非宗教的な可能性の条件を明るみに出す」ものとされる。

このような議論にもとづいて、ヘグルンドは『ラディカル無神論』のなかで、ラクラウのヘゲモニー論、とりわけラディカルな心的備給とデモクラシーの関係にかんするある矛盾を指摘している。それは次のようなものだ。

ラクラウの理論における構造的矛盾はいまや明らかなはずだ。一方で彼は、政治的な関与には、関与の対象を十全性の理念と同一視するようなラディカルな備給が必要であると主張する。他方で、ラクラウが唱道する民主主義的社会はそのようなラディカルな備給を実のところ締め出している。社会の基礎付けへのラディカルな備給を行うためには、これらの基礎付けが偶発的で有限であると信じることはできないが、民主主義のほうはその基礎付けを偶発的で有限なものとして明示的に提示するのだ。(18)

(16) Martin Hägglund, *Radical Atheism: Derrida and the Time of Life*, Stanford: Stanford University Press, 2008, p. 111.(＝吉松覚＋島田貴史＋松田智裕訳『ラディカル無神論――デリダと生の時間』法政大学出版局、二〇一七年、二一三頁)。
(17) マーティン・ヘグルンド「デリダのラディカル無神論」(吉松覚＋松田智裕訳)『現代思想』(四三巻二号)青土社、二〇一五年、二八六頁。
(18) Martin Hägglund, *Radical Atheism*, p. 200. (＝『ラディカル無神論』三九一頁)。

したがって、ラディカルな備給の理論はラクラウのデモクラシー論と最終的には相容れることはない。ラクラウにとって、デモクラシーの際立った特徴は、ある政治的な大義が完全には普遍的になることができず個別に留まっており、抗争に開かれていることである。ラディカルな備給は、それとは反対に、政治的な大義が十全に普遍的であるという幻想を前提としている[19]。

ヘグルンドの指摘はつまりこういうことだ。どうして私たちは、あらゆる政治的プロジェクトが最終的には挫折するというラディカル・デモクラシーの「開放性」を受け入れながら、同時にそのプロジェクトの実現に、なおも私たちの情動を備給し続けることができるのか。最終的には失敗することが明らかであれば、誰もそのような闘争に関与しようとしないのではないか。これはシンプルではあるが、確かにもっともな問いである。

それでは、このジレンマをどう考えたらいいだろうか。ラクラウもヘグルンドに反論しながらも、そこに論理的矛盾があることは認めている[20]。そのかぎりでヘグルンドの指摘、すなわち「十全性を断念せよ」というラディカル・デモクラシーの「倫理」のもと、特定の対象への心的備給が本当に可能なのかという指摘はもっともなものである[21]。にもかかわらず、ラクラウがある箇所で、それがカント的な「統制的理念」とどう違うのかというジジェクの批判に、次のように答えていることはこの文脈で注目されていい。

カント的方法と私の方法との違いは、カントにおいて統制的理念の内容は初めから定まっていてそれきり変わらないが、私の視点では、心的備給の対象がたえず変化することだ。蓄積がだらだら続くうちに、達成されない究極の目標に対してシニシズムが沸き起こる、といったことはけっしてない。現実の闘争にたずさわる歴史の舞台の登場人物にとって、どんな種類のシニカルな諦観もない。彼らの現実の目的こそ、彼らが生き戦っている地平を構成するのだから。究極の十全性はけっして達成されないと述べることは、宿命論や諦念を唱えることとなんの関係もない。(22)

(19) Martin Hägglund, *Radical Atheism*, p. 198.（＝『ラディカル無神論』三八六－三八七頁）。
(20) Ernesto Laclau, "Is Radical Atheism a Good Name for Deconstruction?", *diacritics*, Vol. 38, No. 1-2, 2008, p. 188. ラクラウはこのテクストで、ヘグルンドの批評を「私のアプローチに対する熱意のこもった擁護」と謝意を表しながらも、「ヘグルンドは私の政治へのアプローチを分かっていない」(p.187) と反論している。
(21) この箇所でラクラウは、あるコンテクストにおけるラディカルな備給と民主政治の偶発性の関係には論理的な矛盾が含まれていることを認めつつ、「まさにその理由から、それは政治的に交渉されうるのであって、論理的に解決されるのではない」(Laclau, "Is Radical Atheism a Good Name for Deconstruction?", p.188) と回答している。そしてここで彼が持ち出すものこそ「同一化」と「欠如」という精神分析のロジックなのである。なおヘグルンドの再反論については、Martin Hägglund, "Time, Desire, Politics: A Reply to Ernesto Laclau" (*diacritics*, Vol. 38, No. 1-2, 2008) を参照のこと。
(22) ラクラウ「構造、歴史、政治」『偶発性・ヘゲモニー・普遍性』二六三頁。

ラクラウの考えでは、ラディカル・デモクラシーの理論が求める十全性の諦念は、現実の政治的アクターがそのプロジェクトに傾倒し、情動を備給する妨げにはならない。これをもう一捻りすると、かつてジジェクが厳密にカント的な意味で「熱狂的諦念の逆説」と呼んだものとなるだろう。「熱狂と諦念は二つの対立的なモメントではありえない。「諦念」、すなわちこの不可能性の経験こそが、熱狂を駆り立てるのである」[23]。だとすると、民主主義における巧くいかなさは、必ずしもヘグルンドの言うようには欲望の消沈に帰着しない。

この洞察を私たちが直面する現実に適用すると、ドナルド・トランプのような、ほとんど冗談のような大統領の出現は、たとえ多くの人々を深く失望させたとしても、私たちが民主政治に見切りをつける理由にはならないということだ。私たちは、民主主義に伴う偶発性を引き受けつつ、なおも己の政治的信条を表明することを躊躇う必要はない。シュンペーターはそうした表明を、文明人の条件であると考えていたふしがある。いわく、「自分の信念の相対的真実性を認めながらも、なお恐れることなくこれを主張するという点にこそ、野蛮人と文明人との差異が存する」[24]。いささかヨーロッパ中心主義的なニュアンスは否定しがたいものの、シュンペーターもまた民主主義の限界に立ち会いながら、それでもなおなんらかの価値を肯定することに身をやつしていたのだろう。

欲望と情動をめぐるこの逆説的なロジックこそ、ラカン的な対象 a を説明するものだ。ラカン的なスキームによれば、私たちは象徴界へと参入する以前の段階においては「十全な満足」を享楽しているが、シニフィアンの導入によってその状態は取り返しのつかない仕方で喪失される。そして対象aとは、この失われた原初の享楽の痕跡にほかならない。言い換えれば、対象aはこの不可能な享楽を再度手に入れる想像的な約束《プロミス》であり、それは欲望の支えとして、あるいはジジェクの言葉を逆さまにすれば「諦念的熱狂」を引き起こすものとして機能する。[25]

したがって確かに、「ラディカルな備給」とラディカル・デモクラシーについてのヘグルンドの指摘は論理的にはまちがいなく正しい。後者が求める十全性の失敗は、常識的に考えればプロジェクトの実現に向けた私たちの欲望を挫くように思われる。しかし彼が十分に見ていない次元があって、それこそ精神分析が導く享楽の次元なのだ。ヤニス・スタヴラカキスがこの逆説について鋭く指摘しているのでそれを参照しておこう。

> この享楽の瞬間的な特徴、つまり欲望を十全に満足させることができないという特徴は、不満足を煽る。この享楽は、主体のエコノミーのなかに欠如を、他の享楽の欠如を、犠牲にされた十全性としての享楽の欠如を再び刻みつけることによって、

(23) ジジェク「言説‐分析を超えて」『現代革命の新たな考察』三八五頁。
(24) ヨーゼフ・シュンペーター『資本主義・社会主義・民主主義』(中山伊知郎+東畑精一訳)東洋経済新報社、一九九五年、三八八頁。
(25) 松本卓也『人はみな妄想する』二八一頁。

その享楽を再び我がものとするという幻想的な約束に対する私たちの愛着を再生産する。これが人間の欲望の核を形成するのである[26]。

このことは、本章の冒頭で言及したネイションにとりわけ当てはまる。私たちはネイションがすでに「想像の共同体」であることを知りつつも、つまりは純粋なネイションが不可能であることに気づきつつも、なおもネイション的紐帯に固執する。この逆説を理解するためには、ジジェクが指摘するように、単にネイションが言説的に構築された想像的なものであることを暴露してもほとんど意味はない。むしろ念頭におくべきは、ネイションへの愛着がもつ粘着性が、非言説的な享楽によって支えられているということだろう。ジジェクは言う、「あるネーションが存在するのは、そのネーションに特有の享楽が一連の社会的実践に物質化され続け、さらに、その享楽がこれらの実践を構造化するネーションの神話を通じて伝達され続けるかぎりにおいてである[27]」。そうであるとすると、紐帯をめぐってネイションから距離を取ろうとする私たちの企ては、この享楽の次元とのかかわりを避けて通ることはできない。スピノザが述べていたように、「感情はそれと反対の且つそれよりも強力な感情によってでなくては抑制されることも除去されることも出来ない[28]」のであるから。

これこそ、左派ポピュリズム論の基本的な直感である。求められるのは、ネイションとは異なる同一化の点を創出し、備給の対象を置き換えることであり、ポピュリズムはこの課題への一箇の回答になりうるということだ。確かにポピュリズムを「民主主義の腐敗」として切り捨てることは容易であろう。しかしこの情動的次元の動員が、ネイションへの強固な同一化をずらし、新しい政治的紐帯の創出に寄与するならば、その進歩的な「効用」を評価しておくことも政治理論の重要な課題なのである。

五、……………ポピュリズムと政治的紐帯

さて、私たちの課題は、享楽する主体を念頭に、いかにしてネイションへと備給されたエネルギーをずらし、新しい同一化の形式となりうる集合的アイデンティティ、つまりは政治的紐帯を創出できるかということであった。その点、ポピュリズムは国民（ネイション）ではなく人民（ピープル）という集合的アイデンティティを構築するものであり、そのかぎりで「私たち」の紐帯を本質主義的にではなく、政治的プロジェクトの産物として考えるものである。

じっさい、南欧における左派ポピュリズムの台頭は、新自由主義的な経済政策に対し

(26) スタヴラカキス『ラカニアン・レフト』二三八頁。
(27) スラヴォイ・ジジェク『否定的なもののもとへの滞留——カント、ヘーゲル、イデオロギー批判』（酒井隆史＋田崎英明訳）筑摩書房、二〇〇六年、三八五頁。
(28) スピノザ『エチカ——倫理学』（畠中尚志訳）岩波書店、一九五一年、一九頁。

て反緊縮を掲げることで、社会問題への積極的な取り組みをアピールし、多くの支持を得たことで注目された。したがって、ラクラウがラディカル・デモクラシーの一箇の形式として期待をかけたポピュリズム的な連帯を検討することが、私たちの情動の備給先としてのネイションを相対化するために有効なものとなる。

まずポピュリズムにかんするラクラウの視座を確認しておこう。ラクラウは、彼の認識論的な前提とポピュリズムをめぐる思索の目論みについて、次のように述べている。

私が試みるのは、ポピュリズムの真の指示対象を見出すことではなく、その反対である。すなわち、ポピュリズムには指示対象としての統一性が存在しないと示すことである。というのも、それは、境界画定可能な一つの現象にではなく、多くの現象を横断して効果を及ぼす一つの社会的論理に帰属するものなのだから。ポピュリズムとは、きわめて単純に言えば、政治的なものを構築する一つの仕方なのである。(29)

いうまでもなく、政治概念としてのポピュリズムは奇怪なものであり、その一義的な定義にはかなりの困難が伴うことから、これまで多くの理論家を悩ませてきた。そのような研究状況にあってラクラウのアプローチは、ポピュリズムを「内容」というよりもその「形式」において捉え、政治的紐帯を創出する方法として定式化したと言えるだろう。引用に明らかなように、ポピュリズムは決して例外的な政治現象ではない。むしろ政治について考えればどこかで必ずそれに行き当たり、いつのまにか横切ってしまっているような、あらゆる政治現象を貫いてあるものなのだ。

ここではその論理として、『ポピュリズムの理性』から、ポピュリズムの三つのアスペクトを抽出しておこう。

第一に、ポピュリズムは「政治的論理」であるという。「社会的論理の本質は規則に従うことにあるのに対し、政治的論理は社会的なものの創設に関係する」（一六三頁）。グリノス＝ホワースはラクラウのこの短い言及に註釈をくわえ、政治的論理は「創設」の前提として、「抗争」と「脱－創設」を同時に伴っていると指摘している。そのことは、新しい社会的実践や体制の創設が、それ以前の秩序に挑戦し、その自然的＝客観的な見せかけを暴くことで脱－創設することからも明らかであろう[30]。したがって政治的論理を示すポピュリズムもまた、抗争・脱－創設・創設という所与の社会関係や諸制度を変容させる一連のプロセスにかかわっていると考えることができる。

第二のアスペクトは、「名付け naming」と「情動 affect」である。まず前者から見ていくことにしよう。ラクラウは、ジジェクの議論を引きながら、名付けが持つ構成的役割

（29）ラクラウ『ポピュリズムの理性』一四頁。
（30）Jason Glynos and David Howarth, *Logics of Critical Explanation in Social and Political Theory*, p. 142.

を認めている。そこでジジェクは名付けの「根本的偶然性」を指摘していた。

対象の同一性を保持するのは、名前そのもの、すなわちシニフィアンなのである。〔……〕指示が伝達されるコミュニケーションの外的な因果連鎖という反記述論の発想に欠落しているのは、名指しの根本的偶然性である。つまり、名指しそのものが遡及的にその指示対象を構成するという事実である。(31)

この名付けが生み出す遡及的効果は、ポピュリズムが異質な諸要素から人民という集合的アイデンティティを創出するプロセスにとりわけ当てはまる。つまり、まとまりのない相互に異質な諸要素を等価性の連鎖へと節合するためには、それを全体として表象するものが必要になる。人民は実在論的というよりも唯名論的であって、それゆえ「対象の同一性と統合は名付けの働きそのものから生じる」(32)。

他方で「情動」とは、ある一箇の対象を特別な〝モノ〟(the Thing)の次元に押し上げる備給(cathexis)のことである。何か到達不可能なものを具現化(母と子の一体化を取り戻すことや完全に調和した社会など)しようとする場合、具現しようとするものを備給の対象として表象する必要がある。これこそ前節で議論した対象aのロジックであった。これを政治的に言い換えれば、ある要求がある時点で予期しないような中心性を担うようになり、その他のさまざまな諸要求を取りまとめる空虚なシニフィアンになるということだ。こうして情動は、ある対象を普遍的な位置にまで昇華させ、それによって等価性の連鎖全体を表象することを可能にする。

第三のアスペクトに移ろう。それは社会空間を構成する「差異の論理」と「等価性の論理」の相互貫入という、ラディカル・デモクラシー論ではよく知られた分析ロジックにかかわる。ラクラウによると、ポピュリズムにおいてこの二つの論理は、等価性の連鎖の内部に差異が刻印されるという仕方で相互に反照（reflection）し合うという。このことは、構成された「人民」アイデンティティの両義性、すなわちその内部の統一性と複数性を同時に示すものだろう。したがってポピュリズムは、既存の秩序との関係で現れた相互に異質な諸要素を等価性の連鎖へと節合しつつ、同時に内部の多様性を完全に消し去ることはない。

そのほかにも、ラクラウのポピュリズム論には、空虚なシニフィアンや浮遊するシニフィアン、さらには表象の空間の埒外にある異質なものなど、多くの重要な概念によって構成されている。ポピュリズムの方法は、おおよそ以上のような特徴で以って、「私たち」という集合的アイデンティティを構築するのであり、そのかぎりでネイション的な同一化をずらし、新しい政治的紐帯の可能性を希求するという本章の課題にとって大きな手がかりとなる。

（31）ジジェク『イデオロギーの崇高な対象』一四九－一五〇頁。
（32）ラクラウ『ポピュリズムの理性』一四七頁。

しかしそれがどのような性格の「私たち」であるかはなおも検討が必要であるように思われる。というのも、ポピュリズム的な紐帯が移民や難民に憎悪を向ける排外主義的なかたちを取ることは十分あり得るし、現にそのような事案が生じているとすれば、このことについて楽観的ではいられないからだ。とはいえ、私たちの考えでは、ア・プリオリな仕方で「善いポピュリズム」と「悪いポピュリズム」を分け、ポピュリズムが孕んだリスクをあらかじめ除外しようとすることは理論的に筋悪だろう。だがそのことは、ポピュリズムがどのような紐帯を創出したかについて、事後的な評価を妨げるものではないはずだ。それではどういった評価軸がありうるだろうか。

たとえばシャンタル・ムフは、かねてより左派と右派の対立軸を再興することが、人々の情動が右派ポピュリズムに動員されることを防止し、民主政治を根源化するのに不可欠であると説いていた。しかし近年その論調は変化したようにも見える。ムフによれば、資本主義の新しい形態が現われており、その規制に向けては、右派／左派といった対立軸は民主主義を根源化するにはもはや使い物にならず、集合的意志を構築する別の仕方が必要となっている[33]。それが「左派ポピュリズム」であり、これこそ「下」と「上」を対立させる新たな軸を導入するものであるという。この闘技民主主義の「ポピュリズム的転回」に伴い、ムフは左－右のポピュリズムの違いについて、スペインのポデモスのメンバー、イニゴ・エレホンとの対談のなかで次のように述べている。

私にとって右派ポピュリズムと左派ポピュリズムの根本的な違いは、それによって人民が構築される等価性の連鎖の性質にあります。左派に言及することが放棄されえないのは、集合的意志としての人民を構築する異なった仕方のためです。すなわち、それは社会正義と民主主義の根源化を担っているのです。[34]

ムフは左派ポピュリズムのメルクマールを、それが社会正義と民主主義に適っていることに見出しているが、しかしこれはいまだ曖昧さと両義性を留めていると言わざるを得ない。この点については、スタヴラカキスらの議論が一歩進んでいる。スタヴラカキスらはシリザの言説分析を通じて、その言説が「人民」を中心に構築されていること、さらに人民と支配者層とのあいだに等価的で敵対的なフロンティアが形成されていることを確認している。しかし、これだけではこの言説が左派的であることにはならない。そこでスタヴラカキスらは、これが左派ポピュリズムであるための第三の特徴として、「終わりなき等価性の連鎖」[35]を挙げている。つまりシリザは移民の対等な権利と彼らの包摂、さらにジェンダーの平等とＬＧＢＴを謳っており、スタヴラカキスらはこの

(33) Íñigo Errejón, *Podemos: In the Name of the People*, London: Lawrence & Wishart Ltd, 2016, pp. 123-124.
(34) Ibid., p. 144.
(35) Yannis Stavrakakis and Giorgos Katsambekis, 2014, "Left-wing Populism in the European Periphery: the Case of SYRIZA", *Journal of Political Ideologies*, Vol. 19, No. 2, 2014, p. 132.

ようなスタイルをムッデ＝カルトヴァッサーに倣って「包摂的ポピュリズム inclusionary populism」と呼んでいる。それゆえ、指導者と人民のあいだに権威主義的関係を形成する排外主義的ポピュリズムとは明らかに区別されるこのようなポピュリズムのみが、ムフの述べる社会正義や民主主義と両立できると理解して良いだろう。左派ポピュリズムについてのより詳しい検討については次章に譲ることにし、いったん本章を締めくくることにしよう。

英国のブレグジットやアメリカ大統領選を受け、ポピュリズムと衆愚政治への呪詛が、自由主義を信奉する人々からもにわかに届き始めた。これは行き過ぎた民主主義、「民主主義への憎悪」のリベラル版である。ところで、ラディカル・デモクラシーの教えからすると、民主主義とは偶発性を可視化する唯一の政治システムである。たとえば民主政治における選挙とは、いつもというわけではないものの、欠如の制度化、すなわち〈他者〉の欠如があらわになる一箇の契機であるだろう。私たちは選挙において、いったんすべてを宙吊りにし、ふだんは不可視化された権力の空白と秩序の亀裂に直面することがある(36)。

したがって必要なことは、〝裏切られた〟結果について、それを統計と膨大なデータによって象徴化しようとする試みとは別に、最後の最後のところで「そういうものだ」と結果を受け入れ、新しく始めることしかない。それでは民主主義を取り戻し、それを根源化することを目指す「左派ポピュリズム」は、こうした情勢に抗う有効な手段になりうるだろうか？

(36) ジジェク『イデオロギーの崇高な対象』二二九頁。

第七章

左派ポピュリズムのあとで

一、……………トランピズムとポピュリズム

二〇一六年の米国大統領選をめぐる報道や反応は、控えめに言っても錯雑としたものであった。ここしばらくの新自由主義へゲモニーに対する低学歴・低所得者層の反逆であるとの見方が示されれば、いや、知識層を含む高学歴・高所得者層の支持こそがトランプ支持者の実像であるとまことしやかに説かれる。あるいは、白人男性労働者階級にとってトランプ候補が引き裂かれた矜持を保つなけなしの希望と映ったのだとくれば、そのあからさまなミソジニーにもかかわらず、少なからずの白人女性がトランプを熱狂的に支持していたのだ、との記事を目にすることもできる。検索エンジンに適当にキーワードを打ち込めば、私たちが見たい「現実」に合致する〝それっぽい〟分析をいくら

でも探し出すことができるというわけだ。芥川龍之介の「藪の中」さながら、真相は杳として知れない。

ところで、大統領選をめぐる言説市場が供給過多を引き起こしているなか、ある一箇の言説が、その不在によって逆説的にも存在感を増しているように思えてならない。選挙の結果を受け、もっとも居心地の悪さを感じているのは、おそらくラクラウ＝ムフのポスト・マルクス主義に依拠したラディカル・デモクラシーの人々ではないだろうか。というのも、彼らが提示する敵対性と等価性の連鎖にもとづいた根源的民主主義の構想が、トランプ現象にほとんどそっくり当てはまるからだ。思えば、ギリシャでシリザが政権を取ったとき、あるいはスペインでポデモスが躍進したとき、いち早く左派ポピュリズム時代の幕開けを宣言していたのは彼らではなかったか。[1] それがこんかい沈黙を守っているのはどうしてなのか。

この不穏な理論的帰結はすでに予測されていたものだ。もとよりラディカル・デモクラシーは、新自由主義勢力に対抗するため、民主主義を深化させる左派のプロジェクトとして構想されたものである。しかし、空虚なシニフィアンによって社会空間内の諸要求をひろく繋ぎ止め、等価性の連鎖を構築するというそのロジックが、必ずしも左派ないし民主主義の深化にとって有利にならないことは、かねてより懸念されていた。ヘゲモニーの理論にレヴィナス＝デリダ的な倫理的要素を接ぎ木しようとしたサイモン・クリッチリーの、それ自体安易な提案を厳しく退けたのはほかならぬエルネスト・ラクラウであったのであり、それは政治を基礎付けることに徹底して懐疑の姿勢を取った彼にとっては当然の応答であっただろう。しかし結果として、ラクラウ＝ムフを中心としたエセックス派は理論で勝利し政治で負けたのだ。

　この局面において、もっとも保守的な反応のひとつはユルゲン・ハーバーマスのものであろう。右派ポピュリズムからの「伝染リスク」、つまりは既成政党が右派的な言辞に引きずられる事態について問われたハーバーマスは、「右派ポピュリストの議論に打ち勝つには、彼らの介入を無視するしかない」と、およそ熟議的でない回答をしている。右派ポピュリズムを相手し、その土俵に乗ることそれ自体が過ちであって、「政治の分極化は、現実的な係争をめぐって既成政党のあいだで再‐結晶化されるべきである」と。[2]

　このような反応は、彼が熟議民主主義の指導的なアドボケイターであることと無関係ではないだろう。熟議のポリティクスは社会における根源的な、抜き差しならない敵対

（1）たとえば David Howarth, "The Success of Syriza in Greece has been driven by Marxism, Populism and yes — Essex University" (http://www.independent.co.uk/voices/comment/the-success-of-syriza-in-greece-has-been-driven-by-marxism-populism-and-yes-essex-university-10010806.html 二〇一九年十月二十七日閲覧)、くわえて Dan Hancox, "Why Ernesto Laclau is the Intellectual Figurehead for Syriza and Podemos" (https://www.theguardian.com/commentisfree/2015/feb/09/ernesto-laclau-intellectual-figurehead-syriza-podemos 二〇一九年十月二十七日閲覧) をも参照のこと。

（2）Jürgen Habermas, "For a Democratic Polarisation: How To Pull the Ground From Under Right-wing Populism", Social Europe. (https://www.socialeurope.eu/democratic-polarisation-pull-ground-right-wing-populism 二〇一九年十月二十七日閲覧)。

性を否認することによってかろうじて成立するものだ。とすれば、繰り返し危惧されてきたように、コミュニケーションの前提それ自体を否定しかねない勢力には暇を出すほかないというわけだ。いうまでもなく、この戦略が極右ポピュリズムへの対抗策になるとは考えにくい。

さて、トランプをめぐる諸言説において、ポピュリズムはほとんどお題目のように掲げられ、この種の用語としてはほとんど宿命的に、混乱した用法が目立つ。そもそもトランプ現象を総じてポピュリズムの勝利と総括して良いかはなお注意深い検討が必要だろう。とはいえ、彼の有権者への語りかけが結果としてポピュリズム的なそれであったことは否定しがたい。ここで注目すべきは、トランプのマイノリティへの敵対的な振舞いでも、"Make America Great Again"をはじめとしたキーフレーズや事実無根の妄言でもなく、五月のある集会のスピーチで彼が口にした次のような台詞である。トランプはこう有権者に語りかけていた。「唯一重要なことは、人民(people)の一体性です。というのも、その他の人々についてはどうでもいいわけですから」(3)。

政治学者のヤン＝ヴェルナー・ミュラーはこの発言に、トランピズムのポピュリズム的性格を認めている。それによると、ポピュリズムの核となる主張は、一部の人民でもって人民の全体に代えること、すなわちポピュリストが認めた人民のみが真の人民であるとするレトリックにある。人々に訴えかけることで統一的な集合的アイデンティティを構成し、それを象徴的に代表する身振りは、ポピュリズムに特徴的なものだ。エルネスト・ラクラウのポピュリズム論もまた、さまざまな諸要求から人民を構築することに主眼が置かれていたことに鑑みれば、トランプのディスコースがポピュリズムのそれであったとすることにはそれなりの根拠がある。

そうであるとして、トランピズムに対抗し、左派やリベラルもポピュリズム的な手法を採用するべきだとする、いわゆる左派ポピュリズムに期待をかける向きもある。オーウェン・ジョーンズは選挙結果を受けて、いち早く「左派にはすぐに新しいポピュリズムが必要だ」という記事を『ガーディアン』に寄せているし、[4] 日本国内でもブレイディみかこがポピュリズムとポピュラリズム（大衆迎合主義）を区別し、前者は飽くまで「下側」からの政治勢力であるとして、左派のポピュリズム戦略を擁護している。[5]

本章では、こうした左派ポピュリズムの可能性と問題点を明らかにしたい。左派ポピュリズムは本当に、右派ポピュリズムと新自由主義への対抗軸となりうるのだろうか。民主主義を根源化するために、ポピュリズム戦略はどれだけ有効なのだろうか。

（3）ミュラー『ポピュリズムとは何か』二九頁。
（4）Owen Jones, "The left needs a new populism fast. It's clear what happens if we fail" (https://www.theguardian.com/commentisfree/2016/nov/10/the-left-needs-a-new-populism-fast?CMP=share_btn_tw 二〇一九年十月二十七日閲覧)。
（5）ブレイディみかこ「ポピュリズムとポピュラリズム：トランプとスペインのポデモスは似ているのか」(http://bylines.news.yahoo.co.jp/bradymikako/20161116-00064472/ 二〇一九年十月二七日閲覧)。また、ブレイディみかこ『ヨーロッパ・コーリング――地べたからのポリティカル・レポート』（岩波書店、二〇一六年）をも参照。

二、……群衆という宿痾

ポピュリズムはながらく侮蔑的なまなざしで見られ、日本でもその理解が誤りであると繰り返し指摘されているにもかかわらず、いまだに「大衆迎合主義」であるとか「衆愚政治」といった言葉で翻訳されることが少なくない。しかし、この訳語選択は単なる無知にもとづいたものではなく、群衆についてのあるイメージを端的に表現している。それが「衆愚」という見方である。

この群衆のイメージは確かに古代以来のものである。たとえばプラトンは大衆を、「舵取りの技術」について熟知する船主をよそに、自分たちで船を操縦しようとしたり、「飲めや歌えの大騒ぎ」をする水夫たちに喩えている。

こうして彼らは、たえず船主自身のまわりに押し寄せ群がっては、船主に頼みこみ、何とかして自分に舵をまかせるようにと、その目的のためにあらゆる手段をつくす。ときによって、自分たちの説得が功を奏さず、船主がほかの人々の言うことをよく聞くようなことがあれば、その人々を殺してしまったり、船から投げ出してしまったりする。そして、眠り薬を飲ませたり、酒に酔わせたり、その他の手段を使ったりして、人のよい船主を動けなくしたうえで、船の支配権をにぎり、船のなかの物資を勝手に使う。あとは飲めや歌えの大騒ぎ、いかにもそういう連中のやりそうな動かし方で、航海をして行く。そのうえ彼らは、自分たちが船主を説得するなり強制するなりして、支配権をにぎるのを助けてくれることにかけて腕の立つ者があれば、そういう者のことを、まことの船乗りだ、舵取りに長じた者だ、船に関する知識をもった男だと呼んで誉め讃え、そうでない人を役に立たぬ男だと非難する。(6)

プラトンは民主政治への不信を隠そうとしない。ここで「支配権をにぎるのを助けてくれることにかけて腕の立つ者」を褒め称える民衆の姿は、こんにちのポピュリズム現象をたやすく彷彿とさせるものだろう。

このような大衆蔑視はもちろん現代にもそのまま当てはまる。大衆民主主義の到来は、大衆への蔑視と同時に恐怖をあらたにするものであった。元祖群衆論ともいえるギュスターヴ・ル・ボンの『群集心理』を紐解いてみよう。それが説くのは、群衆の非合理性、感情への流されやすさであり、なかでも群衆の性質については次のようにある。

群衆は、単に破壊力しか持っていない。群衆が支配するときには、必ず混乱の相

(6) プラトン『国家(下)』岩波書店、一九七九年、二八―二九頁。

を呈する。〔……〕群衆は、もっぱら破壊的な力をもって、あたかも衰弱した肉体や死骸の分解を早めるあの黴菌のように作用する。文明の屋台骨が虫ばまれるとき、群衆がそれを倒してしまう。群衆の役割が現れてくるのは、そのときである。かくて一時は、多数者の盲目的な力が、歴史を動かす唯一の哲理となるのである。(7)

じつは、ル・ボンが群衆を分析するにあたって念頭に置いているのは、必ずしも非エリートの集合というわけではない。「孤立していたときには、恐らく教養のある人であったろうが、群衆に加わると、本能的な人間、従って野蛮人と化してしまうのだ」(三五頁)とあるように、ル・ボンの図式において、対立軸は必ずしもエリート vs. 非エリートというわけではない。ついでにいえば、ル・ボンにとって、群衆は危険な存在であるとともに、どこかでそれを英雄視するような、両義的な存在であったことも付記しておこう。(8)

だが、ル・ボンの『群集心理』におけるこのような機微はえてして見過ごされてきた。たとえば、ヴィルフレド・パレートとともに、そのエリート理論で記憶されるガエターノ・モスカにあって、群衆はエリート階級に支配される被支配階級でしかない。それは、次のような引用に明らかである

あらゆる社会には人間の二つの階級、支配する階級と支配される階級が現われる

〔……〕。

第一の階級はいつも数において少なく、あらゆる政治的機能を果たし、権力を独占し、権力がもたらす利点を享受する。他方、第二の階級は数において多いが、ある場合には多かれ少なかれ合法的にか、他の場合には多かれ少なかれ恣意的かつ暴力的にか、ともかく第一の階級によって指導され統制される(9)。

モスカの図式では、支配する階級は支配される階級に対して、物質的にも知的にも、道徳的にも優れている。ここで群衆はもはや「現象」ではなく、実体的な一箇の「階級」になっていることに注意しよう。人民主権にもとづく古典的な民主主義論を反駁し、エリート支配を正当化すること、これこそが安定した統治を実現するモスカのプロジェクトなのである。

こうしたエリート主義的な大衆観は、公共性と政治的行為の思想家ハンナ・アレントのものでもある。彼女は『全体主義の起原』の有名な箇所で、全体主義運動を現代の大衆の孤独なあり方と結びつけて考察している。

(7) ギュスターヴ・ル・ボン『群集心理』(桜井成夫訳)講談社、一九九三年、一九頁。
(8) 杉田敦「ル・ボン——群衆の登場」小野紀明+川崎修(編集代表)『政治哲学 5——理性の両義性』岩波書店、二〇一四年。
(9) ガエターノ・モスカ『支配する階級』(志水速雄訳)ダイヤモンド社、一九七三年、五七頁。

〔……〕全体主義運動は、いかなる理由からであれ政治的組織を要求する大衆が存在するところならばどこでも可能である。大衆は共通の利害で結ばれてはいないし、特定の達成可能な有限の目標を設定する個別的な階級的分節性を全く持たない。「大衆」という表現は、人数が多すぎるか公的問題に無関心すぎるかのために、人々がともに経験しともに管理する世界に対する共通の利害を基盤とする組織、すなわち政党、地域の自治組織、職業団体、労働組合などに統合されない人々の集団であればごんな集団にも当てはまるし、またそのような集団についてのみ当てはまる。[10]

大衆は社会の疾患のようなものである。アレントによれば、現代の大衆は共通世界をもたず、アトム化した個人から成っており、これが全体的支配による権力の貫徹を準備することになったという。大衆社会についてのこのような見方が、のちの衆愚のイメージに大きな影響をもったことはまちがいない。

このような理解は、多かれ少なかれ当時の知識人に共有された気分でもあった。したがって、民主主義の現代理論、すなわち自由民主主義の理論にも、同じような大衆イメージがつきまとっていたとしても、何ら不思議ではない。そう、モスカに影響を受け、私たちの民主主義理解を決定付けた経済学者、ヨーゼフ・シュンペーターのことである。

よく知られているように、シュンペーターにとって、一般意志に導かれた公益なるものはもはや重要ではない。民主主義とはエリートによる競争、およびそうした競争を可能にする制度のことであり、それ以上でもそれ以下でもない。

シュンペーターによると、典型的な市民が政治問題について判断するとき、彼らは非合理的な偏見や衝動に動かされやすい。大衆には合理性が欠如しており、そのためデマゴーグによって扇動され、欺かれやすい。大衆の意志は容易に創造（捏造）され、それは消費者の欲望を喚起する商業広告やコマーシャルと変わるところはない。大衆の政治参加が、むしろ大衆自身にとって望ましくない帰結をもたらしうる以上、エリートによる導きは正当化されるだろう。

こうした大衆に対する侮蔑的な意識が、おそらく自由民主主義論の宿痾としてある。このことは、現代の政治理論がいかに市民の政治的無関心を憂い、政治参加の必要性を訴えているとしてもそうである。ここではレスター・ミルブレイスの一節を想起しておこう。それによると、統治を安定させるのは市民の積極的な政治参加などではなく、参加についての私たちの信念にほかならない。

（10）ハナ・アーレント『全体主義の起原――全体主義』（大久保和郎＋大島かおり訳）みすず書房、一九七四年、一〇頁。

政治に積極的になることを、市民にたいして道徳的に勧告し続けることが重要である。その理由は、市民の多くが積極的になることを望み、あるいは期待するからではなくて、その勧告が政治体系を開放的にするのに役だち、また参加することがすべての人びとの権利だという信念を鼓舞しているからであり、それこそが政治エリートの行動を支配する重大な一規範だからである(11)。

それゆえ、政治を安定させるのはじっさいの市民参加というよりも、政治が市民に開かれているというフィクションのほうであり、これがエリートにブレーキをかける役割を果たしているというわけだ。

したがって、参加の号令には、どこか統治の匂いがする。参加はときおり階級間に流動化をもたらすことはあっても、エリートと大衆の関係を必ずしも否定しないだろう。だからこそ、参加民主主義論の騎手の一人ベンジャミン・バーバーは、シティズンシップを潜在的には誰しもに開くといいながらも、密かにはそれを、積極的に参加できる個人に限定するのだ。そして積極的な参加をしない人は、一時的に市民権を制限されてもよく、かりに誰かが市民権を失うとしても、それは飽くまで一時的なものであり、排除された人々が上記の要件を満たすかぎりでふたたび受け入れられるという。ここでも参加は大衆のものではない。

大衆への侮蔑的なイメージはかくも強固なものである。さて、現代の左派ポピュリズム論は、こうした大衆への僻見に挑戦し、それと決別することを約束するものとして現れた。すなわちそれは、人民主権を文字通り肯定することで、「人民」を政治の舞台へと呼び戻す、そのような振り切れ方を肯定する理論であるはずだった——。

三、……シャンタル・ムフの左派ポピュリズム

『フィナンシャル・タイムズ』誌のある記事によると、「〔二〇〕一九年は、左派ポピュリズムにとって実り多い年となるかもしれない」[12]そうだ。しかし、左派ポピュリズム論への反応は概して芳しいものではなく、その典型的な反応としては、ギリシャやスペイン、ひいてはベネズエラを引き合いに出して首をかしげるものから、その主張の非現実味を揶揄するものなど、大衆動員政治への不信は根強い。左派ポピュリズムがこの逆風のなかを駆け抜けられるかどうか、道のりは決して平坦なものではない。

J・G・A・ポーコックが、マキァヴェッリの持ち込んだ歴史的・理論的な亀裂を「マキァヴェリアン・モーメント」と捉えたとすれば、シャンタル・ムフは現代をポ

（11）レスター・ミルブレイス『政治参加の心理と行動』（内山秀夫訳）早稲田大学出版部、一九七六年、二一二頁。

（12）ギデオン・ラックマン「大衆迎合、試練に直面」（https://www.nikkei.com/article/DGXMZO39798090Z00C19A1TCR000/ 二〇一九年十月二〇日閲覧）。

ピュリズムが跋扈する「ポピュリスト・モーメント」と表現する。新自由主義的なヘゲモニー編成の危機のさなか、ポピュリズムが跳梁する私たちの時代のことだ。反復を覚悟のうえで、このかんの政治情況を確認しておこう。まず、既成政党への不信を背景に、二〇一六年の米大統領選、および英国のブレグジットに代表されるような、欧米や南米における排外主義的な傾向をもつ「右派ポピュリズム」の伸長がある。他方で、緊縮政策に反対し、より公正な再分配を訴える「左派ポピュリズム」として、ギリシャの急進左派連合（シリザ）やスペインのポデモスをはじめ、イギリス労働党のコービン、不服従のフランスのメランション、さらにアメリカのサンダース、そしてオカシオコルテスらの動向が注目されてきた。新自由主義のあとに生まれた政治的空白に、左－右のポピュリズムが飛び込んだかたちだ。このような局面において、幸か不幸か、「ポピュリズム」が現代を表すキーワードであることはまちがいない。

こうした情勢にあって、左派ポピュリズムの動向を理論的に支えているのは、シャンタル・ムフである。ムフの『左派ポピュリズムのために』の刊行は、ポピュリズムをめぐる論争状況に一石を投じるものである。この点では、熟議民主主義より闘技民主主義のほうが、ポピュリズムの時代に対する初動は早かったといえる(13)。ムフによれば、資本主義の新しい形態が現われており、その規制に向けて、集合的意志を構築する新しい仕方が必要となっている。それが「左派ポピュリズム」であり、これは左－右というよりも、「下」と「上」を対立させる新たな軸を導入するものなのだ。

とはいえ、左派ポピュリズムにも前史がある。ここでは、左派ポピュリズム論を検討する前に、その理論的な前史である闘技民主主義をいそぎ確認しておこう。というのも、昨今の政治情勢において左派ポピュリズムが語られるさい、かなりの誤解と無理解が伴っており、混乱した状況を招いていると思うからだ。

九〇年代以降のムフの立場である「闘技民主主義」は、和解や合意よりも対立や敵対を民主主義において重視する議論であった。その立場を一言で要約すれば、話し合いによってコンセンサスを形成していくような熟議民主主義とはちがい、そのようなコンセンサス形成が必ず失敗してしまうことに、民主主義の本性と意義を見出すというものだ。このような立場からすれば、熟議民主主義は、コンセンサスの形成を前提とし、異議申し立ての可能性をあらかじめ排除しており、政治における「多元主義」を抹消してしまう、そうムフは熟議民主主義を批判する（ただし厳密には、この批判にはかなり微妙なところがあることは付言しておくべきである）。

さらにムフによると、熟議民主主義は「理性」や「合理性」の役割を強調する傾向が強い。これに対しムフは、熟議モデルが、政治における感情の役割を軽視していることを問題化する。つまり民主主義における情動や感情の役割を、熟議モデルは見落として

（13）ただし、同じく闘技民主主義の理論家として知られるウィリアム・コノリーは、ムフとはまた違った立場をとるだろう。コノリーのトランプ論については、William Connolly, *Aspirational Fascism: The Struggle for Multifaceted Democracy under Trumpism*, (Minneapolis: University of Minnesota Press, 2017) を参照されたい。

いるというわけだ。

「ポスト慣習的」なアイデンティティのおかげで、政治的な問題が合理的に処理できる時代に移行しつつあるなどと信じるならば、情動を民主主義的に動員することの意義を見逃すことになり、そのせいでこの領域を、民主主義を掘り崩そうと望む人びとに譲り渡すことになりかねない。政治から情念を除去することを望み、民主主義政治が、理性、慎み、合意といった観点からのみ理解されるべきであると主張する理論家は、政治的なものの力学を理解していない(14)。

ムフの闘技民主主義は、「政治 politics」とは区別された「政治的なもの the political」の次元に焦点をあてるものだ。ここで「政治」とは「実践と制度の集合」であり、通常私たちが政治という語でイメージするもの、たとえば議会や選挙制度などを指している。それに対し「政治的なもの」とは、政治における対立と不和、つまりは「敵対性」の次元であり、闘技民主主義は政治における対立のモメントを繰り返し強調している。

ムフの理論にユニークなところは、敵を「対抗者 adversary」に置き換える点である。「対抗者」は「競争者」という自由主義的観念とも、あるいはシュミット的な破壊の対象としての「敵」とも区別される。対抗者は確かに一種の敵対者であることに違いないのだが、しかし正統性をもって相争う敵であって、自由民主主義の基本的理念を承認する者であるという。したがって、民主主義とは、自由民主主義の基本的理念を受け入れた対抗者同士の闘いである。そこでは、対立のすえに一定の合意がなされるが、しかしそれは「ある暫定的なヘゲモニーの一時的な帰結」、いわば「対立的合意」とでも呼べるような、たえず新しい抗争に開かれたきわめて不安定な合意でしかない。

ムフの闘技民主主義のあらましは以上のとおりである。にもかかわらずいまや、ムフはこの立場を断念し、ラクラウの遺志を継ぐようにして左派ポピュリズムの論客になったことをどのように考えるべきだろうか。おそらくそれは次の理由による。熟議か闘技かという、こんにちからすればいささか牧歌的にさえ思える論争の底は抜け、いまや民主主義の土台となるはずの「語る空間」そのものが失われてしまった。そうした状況にあって、まずは語るための公共空間を再構築することが不可欠になる。だからこそ、ムフは闘技民主主義をいったん引っ込め、「左派ポピュリズム戦略」を打ち出すのだろう。闘技民主主義論は、かねてより左派と右派の対立軸を再興することが、人々の情動が極右に動員されることを防止し、民主政治を根源化するために不可欠であると説いていたのだが、その対立軸はいまや上と下になったというわけだ。このようにムフの理論的な変化を説明できるだろう。

それではつづいて『左派ポピュリズムのために』の勘所を押さえていこう。ムフの左

(14) シャンタル・ムフ『政治的なものについて——闘技的民主主義と多元主義的グローバル秩序の構築』(酒井隆史監訳+篠原雅武訳) 明石書店、二〇〇八年、四九頁。

派ポピュリズム戦略の基本線はこうだ。すなわち、このかん欧州連合や各国政府が進めてきた新自由主義的な緊縮政策によって、新しい少数者支配《オリガーキー》が生じている。中間層は痩せ細り、大多数の人々は政治的に無力化され、自由民主主義はいまや「ポスト・デモクラシー」的な状況にある。この局面において左派は、ポピュリズム戦略に訴えることで、既得権益層《エスタブリッシュメント》に対抗する勢力をまとめあげ、自由民主主義を回復しなければならない、と。

これ自体、きわめて平凡な発想であり、思想的な捻りも特段みられない。とはいえ、理論的に検討しておくべきことはある。まず、ムフはみずからの左派ポピュリズムを「ラディカルな改良主義」と位置付けている。すなわち、現状の新自由主義を受忍する「純粋な改良主義」とも、ラディカルな切断を求める「革命主義」とも違い、「ラディカルな改良主義」は、自由民主主義の正統性の諸原理を受け入れつつも、新自由主義に代わるヘゲモニー編成を求めるものとされている。そのため左派ポピュリズムは、現状維持か革命かという不毛な二者択一を峻拒する、（意地の悪い言い方をすれば）もうひとつの「第三の道」路線である。

第二のポイントは、ヘゲモニー闘争の舞台として国民国家を再評価していることだ。ムフによると、国民国家はなおも民主主義と人民主権にとって決定的に重要な空間であり、「ポスト・デモクラシーの影響に抗するための、集合的意志が構築されるべき場所である」[15]。しかしこれは、ネイションの右派的な同一化に倣うことではなく、「国民的な伝統の、最良でいっそう平等主義的な側面である。パトリオティックな同一化へと人々を動員する」（九七頁）ものとして提示されている。だが、「戦略的ナショナリズム」とでも呼べそうなこの方向性には、右派的な排外主義に回収される危うさがあることは否めないように思われる。

第三に、ムフはかねてより民主主義における情念の役割を強調していたが、本書ではそれがスピノザに依拠しながら展開されている。それによると、言説的なものの次元と情動的なものの次元を節合するものが「触発」であり、これを同一化の形式を生み出す実践として捉えることができる。したがって、左派ポピュリズムの呼びかけは、人々の感情を触発し動員するために、日常的な感情に共鳴するような仕方で行なわれる必要がある。

第四に、近年注目を集めているロトクラシー（くじ引き民主主義）にムフが批判的であることにも止目しておこう。ムフはロトクラシー論者が代表を選挙に還元し、政党や代表制度が社会における敵対性を可視化し、「抗争的な次元の制度化」において重要な役割を果たしていることに目を配っていないと批判する。さらに、人々は政党が提示する言説的な枠組みを通じてみずからのアイデンティティを形成する以上、代表制度は政治において不可欠である。それゆえ「くじ引きによる選出は、より良い民主主義を打ち立てる手続きであるどころか、政治とは、諸個人を構成的な社会関係による重荷から解放

（15）ムフ『左派ポピュリズムのために』九七頁。

し、個人の意見を尊重することであるという考えを促進するものだろう」（八〇頁）。最後に、エコロジーへの関心が左派ポピュリズム戦略の中心問題になるという点も重要だろう。ムフはエコロジーの問題を社会問題と結合することの重要性を認めており、この方向性は、こんにちの欧州における左派の動向に呼応したものである。ムフによると「野心的で、綿密に計画されたエコロジー的プロジェクトは、未来の民主社会についての魅力的な展望を提示する可能性を秘めている」（八四 - 八五頁）。彼女は、この問題を中心に左派ポピュリズム戦略を展開できれば、現在は新自由主義的なブロックに統合されているセクターをも引き込むことができるかもしれない、という楽観的な展望も示している。

四、左派ポピュリズムと民主主義

以上の特徴を押さえたうえで確認しておきたいのは、民主主義論における左派ポピュリズムの位置付けである。もとより、昨今のポピュリズム論における緩やかなコンセンサスとして、ポピュリズムと自由民主主義との相性の悪さ、というものがある。つまり、ポピュリズムそれ自体は確かに民主的なのだが、多元性を尊重するいわゆる自由民主主義とはそりが合わないというものだ。たとえばカス・ミュデらによれば、「ポピュリズムは、極端な多数派支配を擁護し、ある種の非リベラルなデモクラシーを支持するような一連の理念なのである」[16]。

ところが、ムフにおいて左派ポピュリズムは、自由民主主義を立て直すための不可避の「戦略」のことである。自由民主主義を回復・深化するためにこそ、左派ポピュリズム戦略は要請されるというわけだ。ここで左派ポピュリズムは、いわば危機に陥った自由民主主義の緊急手段、その起死回生の策として捉えられている。

左派ポピュリズム戦略は、立憲主義的な自由‐民主主義的枠組みの内部で、新しいヘゲモニー秩序を打ち立てることを求めるのだ。その目的は、集合的意志を構築すること、つまりは、新しいヘゲモニー編成をもたらす「人民」を構築することにある。民主的な諸価値に指導的な役割を与えることで、この新しいヘゲモニーは、これまで新自由主義に否認されてきた自由主義と民主主義の節合を、再度打ち立てることになるだろう[17]。

ここに『ポピュリズムの理性』と『左派ポピュリズムのために』の最大のくい違いがある。一般に、前者が「理論篇」であり、後者がその「実践篇」であるとみられており、

(16) カス・ミュデ+クリストバル・ロビラ・カルトワッセル『ポピュリズム——デモクラシーの友と敵』(永井大輔+高山裕二訳)白水社、二〇一八年、一四一頁。
(17) ムフ『左派ポピュリズムのために』六七頁。

おそらくムフ本人もそう考えていることだろう。しかし、両者のあいだでポピュリズムの位置付けは大きく異なっていることに注意する必要がある。これは、ポピュリズムを「戦略」とみるか、一箇の「論理」とみるかのちがいである。ラクラウにおいてポピュリズムとは、異質なものから統一的な集合的アイデンティティ（人民）を構築する「論理」であったことを想起しよう。つまり、ポピュリズムは外部から既存の政治体制に介入し、新しいヘゲモニー編成を確立するための論理であり、そのかぎりでポピュリズムは、自由民主主義を回復するどころか、それをかき乱すものに近い。つまり、ムフがみずからの党派性を前提に、動員戦略としてポピュリズムを提唱するのに対し、ラクラウが描き出したのはイデオロギーより手前にあるポピュリズムの「理性」であり、そのかぎりでそれは、必ずしも自由民主主義を支持する理論ではないのである。

そうすると、ムフの左派ポピュリズム論の問題は、自由民主主義を回復するためにポピュリズムに依拠していることではない。真の問題とは、むしろそれが十分にポピュリズム的でないこと、つまり、ポピュリズムの野生、および偶発性との緊張感を抹消していることにある、そういわざるをえない。

こうしてみると、ムフの立ち位置は、ポピュリズムの批判者ヤン＝ヴェルナー・ミュラーとそう遠いものではない。ミュラーは「ポピュリストと話すことは、ポピュリストのように話すことと同じではない」として、左派ポピュリズム戦略を批判する。

それゆえ、ヨーロッパの多くに見られる、緊縮政策に反対するために（さらに言えば、右翼ポピュリズムの興隆に対抗するために）、特定の「左翼ポピュリズム」を希求することは、無駄であるか、危険である。目的が単に、左翼の有望なオルタナティブや、社会民主主義の再発明を提示することにあるならば、それは無駄である。なぜ、「人民の構築」というジェスチャーの代わりに、新たなマジョリティを形成することについて語らないのだろうか。(18)

ミュラーが「マジョリティ＝多数派」といういささかニュートラルな表現を好むのは、彼が自由民主主義の擁護者であることに関係している。ミュラーにとってポピュリズムは、それが現行の代表関係の失敗について、あるいはより一般的な道徳的問題にかんして、人々に思考を強いるかぎりにおいてのみ意味がある。ポピュリズムは民主主義の補完物ではありえず、その腐敗のサイン、もしくは異常を知らせる症状のようなものなのだ。彼は自由民主主義の枠組みで政治を捉えているのであって、そこではその枠組み自体を問題化する深刻な敵対性はあまり顧慮されていない。このように、ムフにせよミュラーにせよ、経路は異なるとはいえ、どちらも最終目的地は自由民主主義にある点で、両者は異榻同夢にあるといってよい。

（18）ミュラー『ポピュリズムとは何か』一二一頁

左派ポピュリズムが右派ポピュリズムへの十分な対抗軸になりうるかどうかは、おそらくこの点にかかっている。右派ポピュリズムは、自由民主主義のオルタナティヴを志向し、右派的な享楽を確かに動員している。しかし、左派ポピュリズムの示す自由民主主義への秋波は、それに代わる左派の享楽を、あるいは現在の苦境に代わる新しい政治的イマジナリーを真面目に提示できていない。だとすると左派ポピュリズムとは、つまるところムフがあれほど批判した「中道左派」と、あるいは調和した敵対性のない社会というユートピア的幻想と、いったいどれほど異なるというのだろうか。

「政治的なもの」が、計量化不可能なもの、象徴化不可能なものをあらわにするとすれば——科学的にはかつて「奇跡の鉱物」とされたアスベストを、政治的にはトランプの当選を想起せよ——、ポピュリズムもときに——国境に壁を作るのであれ、富裕層への公正な税負担を求めるのであれ——、いっけん〈不可能なこと〉を要求するものだろう。にもかかわらず、ポピュリズムをみずからの政治的主張に効率よく支持を調達するための方便に還元することは、いかにそれが戦略的リアリズムにもとづくものだとしても、早晩、左派ポピュリズムの限界を露呈する、そう思えてならないのだ。

五、……………ラディカル・デモクラシーの行方

このような状況にあって、ラディカル・デモクラシーは難しい立場に立たされている。

二〇〇〇年代以降、ラディカル・デモクラシーはポピュリズムの理論として展開されたが、しかしこのような立場は、多くの政治学者にとっても、また一般的にも、容易には受け入れがたいものであったようだ。そこに、排外主義的な極右ポピュリズムの台頭が追い打ちをかけることで、空虚なシニフィアンによって等価性の連鎖および人民を構築するというラディカル・デモクラシーのプロジェクトは、すっかり擁護が難しいものになってしまった。

問題は、ポピュリズムが進歩的な政治を必ずしも帰結しないという理由ばかりではない。たとえ左派ポピュリズムが右派ポピュリズムへの対抗軸となり、新しいヘゲモニー編成を可能にし、民主主義を回復しえたとしても、左派ポピュリズムを最後まで擁護することが難しい決定的な理由は、それが生み出すつながりが本性上、一時的で儚いということにある。そのかぎりでその政治的紐帯は、既存の対象から人々のリビードを引き上げるには有効でも、持続的な社会的紐帯を支える制度化や組織化に到るとはかぎらない。むしろポピュリズムが見せる「政治的なもの」が暴露するのは、私たちのつながりがもつ根源的な寄る辺なさのほうだろう。それは持続的なものではありえず、そのかぎりでどこまでも不安定なものである。したがって、左派ポピュリズムをラディカル・デモクラシーの最後の回答とするわけにはいかないのだ。

それでは、ラディカルな敵対性の契機を窒息させることなく、同時に持続性をもったポリティクスを実現するという相容れない二つの要求を同時に満たすために、ラディカル・デモクラシーのごのような展望を描けるだろうか。基礎付け主義的な本質主義に回帰することなく、同時に反‐基礎付け主義に居直るのでもない、そのようなきわどい立場が求められるだろう。こうした態度を「ポスト基礎付け主義」と呼べるとして、ここでは、闘技民主主義から左派ポピュリズムへと移行したシャンタル・ムフとは逆の方向へ進むことが必要になる。つまり、もう一度、ポスト基礎付け主義の理論としてアゴニズムを錬磨することができれば、それをラディカル・デモクラシーの未来として提示し直すことができるかもしれない。したがって、これが私たちの最後の課題になる。

第八章 アゴニズム再考

ポスト基礎付け主義と民主主義

今日、合意というパラダイムが実践をも、
また政治理論をも支配しているが、
そのことは、少なくとも西洋民主主義と同じほど古い内戦という
現象に対する真面目な探求とは相容れないように思われる。

ジョルジョ・アガンベン『スタシス』

一、……………はじめに

近年のラディカル・デモクラシー論は、ポピュリズムの誘惑に取り憑かれるあまり、制度化や組織化を伴う持続的なポリティクスを扱うことができていない、これが私たちの到達した左派ポピュリズムの隘路である。こうした袋小路をどのように迂回することができるだろう。敵対性というポスト・マルクス主義の出発点を見失うことなく、最小限の基礎付けを確保する民主主義の構想をどのように描くことができるだろうか。ここで私たちに必要なのは、引き返すためのうしろむきの決断である。(1) すなわち、捨て置かれたアゴニズムの理論を、ポピュリズムが解放するアンタゴニズムを受け止めるためのポスト基礎付け主義的な民主主義論として再評価すること、これが本書の最後の課題で

ある。
いわゆる近代普遍主義のメッキが剥がれ落ちたあと、それまで栄華と不遜を誇ったそれ以前の「基礎付け」は徹底した不信のまなざしに晒されることとなった。これを政治思想的に見ると、前世紀末頃のリベラリズムへの告発と、アイデンティティ・ポリティクスや多文化主義の興隆に対応するだろう。この基礎付けへの蜂起、ある意味での相対主義をも辞さないこの立場を「反-基礎付け主義」と呼べるとして、しかしこれにもやはり一抹の不安が残るのも事実である。すなわち、あらゆる規範や社会構想が、少なくとも権利上等価とみなされるとき、私たちは何を手がかりにそれらを評価すれば良いのだろう。たとえば自由と平等を基軸としたいわゆる自由民主主義を擁護する言説と、ほとんど妄言に等しい前近代的な差別的言説が同じメニューに載って提示されるに到っては、わかりやすい基礎付けへの郷愁に駆られてしまうのも無理はない。

基礎付けの不可能性と必要性、このようなジレンマにも似た難しい立場を、「ポスト基礎付け主義」と呼ぶことにしたい。この立場が目指すのは、かつての基礎付け主義に立ち戻るのでもなく、あるいは現代の相対主義にも居直らないような仕方で、何か特定の社会構想を支持するための暫定的な尺度を持つことである。

同時に、ポスト基礎付け主義は民主主義の問いでもある。ポスト基礎付け主義についてのまとまった研究書を著したオリバー・マーヒャルトが「すべてのポスト基礎付け主義的思想が民主主義的ではないにせよ、民主主義的な思想はつねにポスト基礎付け主義的である」[2]と指摘しているように、民主主義は基礎付けの不可能性と不可避性という矛盾した性質を伴っている。とはいえ、こうしたマーヒャルトの言明が正しいとしても、だからといって、すべてのデモクラシー論がいずれも同じ程度にポスト基礎付け主義的であるわけではない。本書の主張は、アゴニズム（闘技）の民主主義論こそ、すぐれてポスト基礎付け主義的なものであるというものだ。

アゴニズムの民主主義論にかんして、シャンタル・ムフが、一九九〇年代以降、政治哲学の論争に介入し、この立場を積極的に打ち出すようになったことはすでに述べたとおりである。ハーバーマスに代表される熟議民主主義をコンセンサス主義と批判し、それに代えて対立（敵対）と情動を中心とするアゴニズムの政治理論（闘技民主主義）を展開したのである。その後、九〇年代の終わり頃から二〇〇〇年代のある時期まで、民主主義論における主要な話題は熟議が闘技か、あるいは合意か対立かという軸を中心に繰

（1）このような理路を決断するうえで、大賀哲による以下の示唆にはたいへん勇気づけられた。記して感謝したい。「ムフ的なアゴニズムを志向したとしても「対抗者」という関係性が固定化・安定化する保証はなく、転位と敵対性の可能性は常に残される。むしろムフのような闘技を志向しつつ、闘技と敵対性との偶発的な関係を開いていく、すなわち、倫理＝普遍としての熟議民主主義を脱構築する視座は成り立ちうるのではないだろうか」。大賀哲「（書評）山本圭著『不審者のデモクラシー』」『法政研究』（第八六巻第一号）九州大学法政学会、二〇一九年、一九一頁。

（2）Oliver Marchart, *Post-Foundational Political Thought: Political Difference in Nancy, Lefort, Badiou and Laclau*, Edinburgh: Edinburgh University Press, 2007, pp. 161-162.

り広げられることになる。

　そういうわけで、アゴニズムの民主主義論は最初、圧倒的なヘゲモニーを誇る熟議民主主義に対する果敢な挑戦者として現れたわけだが、しかし、近年ではそのような対抗者の地位を喪失し、すっかり銷沈してしまい、いわば住所不定の、ある意味で中途半端な位置付けを与えられているように思われる。そのうえ、現代はポピュリズムの時代（ポピュリスト・モーメント）であるといわんばかりに左派ポピュリズム論へと関心が移り、アゴニズムについて語られることはすっかり少なくなってしまった。それでは、アゴニズムの理論的、歴史的役割はもう終わってしまったのだろうか。その問題提起は、熟議民主主義へと部分的に消化され、「熟議のなかにも対立はある」との妥協を引き出したことでよしとすべきなのだろうか。おそらくそうではない。本章では、アゴニズムの問題提起が熟議の理論にすっかり回収されるわけではなく、まったく別の次元で民主主義を問題にしうることを示し、アゴニズムの民主主義論をポスト基礎付け主義という立場に相応しい民主主義論として提示し直すことを目的とする。

　ところでさきに、アゴニズムの民主主義論は、中途半端な理論として位置付けられる傾向にあると述べた。つまり一方では、熟議民主主義とくらべ、政策への志向が弱く、対立を取り入れるための具体的な制度設計にもあまり熱心に取り組んでいないとされ、他方で、秩序の宙吊りや大文字の解放に関心を向けるラディカル・セオリーからすると、アゴニズムの理論はあまりにリベラルに迎合した、いささか物足りない理論であると映っている。本章で提起したいことは、この中途半端さこそ、アゴニズムをすぐれてポスト基礎付け主義的な理論にしているということである。アゴニズムのもつ半端さを欠点としてではなく、長所として読み替えること、言い換えればその煮え切らなさを、ポスト基礎付け主義に特有の両義性として読み解くこと、これを示すことができれば、政策志向的な政治理論とラディカルな理論のあいだで居心地悪く板挟みになっているこの立場に、その適切な居場所を開いてやることができるかもしれない。

二、ポスト基礎付け主義とデモクラシー――ルフォールとラクラウ

「基礎付け」とは、伝統的な形而上学的真理、歴史の本質やその隠された意味を求める歴史哲学、あるいは啓蒙の伝統にある理性／合理性とそれを備えた主体観のように、知のシステムの土台としてシステムそのものを支える、それ以上遡って根拠を問うことを禁じられた正統性の源泉であり、「基礎付け主義」とはそのような基礎付けを土台として据えようとする態度であるといえる。そのような形而上学的な前提に異議を申し立て、基礎付けの不在を暴露し、その不毛な論争にピリオドを打とうとしたのが「反‐基礎付け主義」であった。この立場を代表するリチャード・ローティが、反プラトニズムの観点から伝統的な形而上学的真理観を拒絶し、さらに近年のハーバーマスのような理性／合理性を信奉する啓蒙的な基礎付けを批判したことはよく知られている。しかしロー

ティが基礎付けを解体したあとで、あまりに素朴な仕方で愛国主義を持ち出したことは、やはりこの立場の難しさをまざまざと示してしまっているように思われる(3)。

さらにローティ的プラグマティズムとはおそらくは相性の悪いであろう、ラディカル・セオリーの系譜も、一箇の反－基礎付け主義として位置付けることができる。たとえばいっときのジジェクに典型的なように、そのような議論は、大文字の〈行為〉を通じた座標軸そのものの転換、あるいは〈不可能なこと〉を要求することで、現在のパースペクティヴを相対化しようとする。しかしこれらの議論は、ある種の「解放のアプリオティズム(4)」に陥っている。つまり、因果を断ち切るような奇跡的な〈行為〉を即座に〈解放〉と捉える代償として、行為の〈以後〉を真面目に取り上げることができていないのだ。「行為が真の変容をもたらす何らかの可能性をもつのであれば、行為の以後というものが、つまりそれ以前とは異なるはずの事後がなければならない(5)」ことは、私たちが何らかのポリティクスを扱う以上、不可避であるように思われる。

「基礎付け」をめぐる以上のような論争状況において、「ポスト基礎付け主義」は、基礎付けか反基礎付けかをめぐる第三の選択肢として現れた。マーヒャルトは、これを反基礎付け主義と対比するかたちで、次のように説明している。

前者〔ポスト基礎付け主義〕を後者〔反－基礎付け主義〕から区別するのは、それが「あらゆる」基礎付けの不在を前提としているわけではないということである。ポスト基礎付け主義が認めているのは「ひとつの最終的な」基礎付けが不在であるということなのであり、というのも複数形の基礎付けが可能であるのは、ただそのような不在にのみもとづいているからである。〔……〕したがってポスト基礎付け主義は最終的な基礎の不在を認めることで立ち止まることはないし、それゆえ反 - 基礎付け主義的なニヒリズム、実存主義、多元主義になることもない。それはまたすべてのメタ物語は等しく跡形もなく消失したとする、ある種のポストモダンの多元主義に変わることもない。というのもポスト基礎付け主義が受け入れるのは、「何らかの」基礎は必然／必要であるということなのだから。(6)

以上のような特徴をもつポスト基礎付け主義をより立体的に捉えるために、ここではポスト基礎付け主義の思想家としてクロード・ルフォールとエルネスト・ラクラウを取り上げてみよう。まずルフォールが、近代において社会生活の基盤が不確定になったことを指摘し、それを「確実性の指標の消失」と表現したことはよく知られている。(7) さらに、近代民主主義の特徴として、かつては君主が鎮座していた場は「権力の空虚な場」

(3) Ricahrd Rorty, "The Unpatriotic Academy", *The New York Times*, 2014 Feb 13.
(4) Oliver Marchart, *Post-Foundational Political Thought*, p. 159.
(5) スタヴラカキス『ラカニアン・レフト』一三三頁。
(6) Oliver Marchart, *Post-Foundational Political Thought*, p. 14.

となり、したがって、誰がその空虚を満たすのかという問題が、近代民主主義の中心的な関心事になったという。

それでは、ルフォールの思想をポスト基礎付け主義的にしているものは何だろうか。マーヒャルトは「「確実性の指標の消失」は、あらゆる指標の消失を招くわけではないし、象徴的次元それ自体の解体をもたらすわけでもない(8)」と指摘しているが、だとするとルフォールは、単に基礎付けの解体を言祝いでいるのではない。むしろルフォールのアクセントは、権力の空虚な場をめぐる対立を持続させるための象徴的（制度的）枠組みの必要性に置かれており、これが一定の基礎付けの存在を保証することになる。

他方で、ラクラウのヘゲモニー論も、ポスト基礎付け主義の理論として代表的なものである。ラクラウ＝ムフの『民主主義の革命』は、伝統的なマルクス主義の本質主義を批判し、社会が言説的に構築されていることを主張したことで物議を醸した。しばしば誤解されているように、ラクラウ＝ムフのラディカル・デモクラシーは、社会の開放性を認識することで可能になるものであるが、しかしそのことは彼らのヘゲモニー論の半面に過ぎない。ラクラウ＝ムフは、アイデンティティの非決定性を認めているものの、彼らのポイントはむしろ、結節点の構築、および浮遊するシニフィアンの部分的な固定化にある。つまり、差異の無限の戯れではなく、いかにそれらを繋ぎ止め、等価性の連鎖を打ち立てるか、これこそがヘゲモニーの問題なのである。根源的な開放性とヘゲモニー的閉合のあいだの絶え間ない交渉、これが彼らの思想をポスト基礎付け主義的なものにしているのだ。

さて、ルフォールもラクラウもポスト基礎付け主義と呼ぶに相応しい思想を展開しているとはいえ、両者に違いがないわけではない。ルフォールのラクラウ＝ムフへの影響については、これまで頻繁に指摘されてきたし、じっさい彼らは政治的なものの概念や革命についての概念など、多くのものを共有している。[9]とはいえ、厳密にいって、ルフォールへの依拠は、じつはラクラウよりもムフのほうがはるかに大きい。留保付きであるとはいえ、ことあるごとにルフォールに好意的に言及するムフに対し、ラクラウはある箇所で「もう長いこと私は、人びとが私のアプローチをルフォールのそれと一緒くたにしようとするのに抗ってきた[10]」とまで述べているのだ。この抗いをどう理解すればよいだろうか。

これについて、ジェレミー・ヴァレンティンはルフォールとラクラウのあいだには、

（7）ルフォール『民主主義の発明』一二三頁。
（8）Oliver Marchart, *Post-Foundational Political Thought*, p. 104.
（9）『民主主義の革命』が『民主主義の発明』に大きく依拠していることは明らかである。ある箇所では「［ルフォールの］これらの分析を、私たちがヘゲモニー的実践の領域として特徴づけてきたものと、これらの分析とを連携させることは可能である」（『民主主義の革命』四〇四頁）と言われているし、また『革命』の最後の注の二つが『発明』についてであるのも、両者の関係を考える上で示唆的であろう。
（10）Ernesto Laclau, "Why Constructing a People is the Main Task of Radical Politics", *The Rhetorical Foundation of Society*, p. 173.

「民主主義の諸条件の理論化と、民主主義それ自体の理論化とのあいだの緊張」があると指摘している。[11]「民主主義の諸条件の理論化」と「民主主義それ自体の理論化」の緊張とはどういうことだろうか。これは「二つの空虚さ」、すなわち「権力の空虚な場」（ルフォール）と「空虚なシニフィアン」（ラクラウ）の差異に止目することで明らかになるだろう。まず、ルフォールは空虚な場を擁護する制度として、「普通選挙」を評価している。「政治体にこれまで認められてきた普遍的なものに取って代わろうとする普遍的な選挙〔普通選挙〕において、こうした個々人が数えるべき単位になってしまうのだ。〔……〕数の観念はただそれだけで、社会には実体があるという観念に対立する。数が一体性を解体し、同一性を無化する」[12]。マーヒャルトはルフォールにおける選挙の意味を次のように分析している。

ルフォールによれば、普通選挙の究極的な意味は、人民の代表を選出することではない。〔……〕その真の意味は、第一に、権力の場所の周期的な立ち退きを保証する政治的競争に規則を付与し、その存在論的に「空虚な」身分を想起することであり、第二に、社会的抗争（利害の抗争、階級の抗争）を政治の象徴的舞台に移すことである。[13]

こうして、ルフォールは普通選挙に社会的分断を制度化する役割を求めている。選挙は権力の場をめぐる政治的競争を制度的に担保し、その本来的な空虚さをたえず私たちに想起させるのだ。これが「民主主義の諸条件の理論化」に対応するものである。

他方で、ラクラウの立場からして決定的なのは、ヘゲモニーによる等価性の連鎖の構築であって、ルフォールが期待する（ある意味ではシュンペーター的な）競争ではありえない。権力の場をめぐる単なる競争とはちがい、ヘゲモニー論は空虚な場を占めるものそれ自体の空虚化、すなわち「空虚なシニフィアン」を必要とする。「空虚さという概念を、〔……〕民主政体における権力の空虚な場所から、その場所を占めようとする主体そのものに移行させる必要がある」[14]。これが、「民主主義それ自体の理論化」であるのは、ラクラウが自由民主主義を自明視することなく、飽くまでそれをヘゲモニーによる政治的プロジェクトの偶発的な帰結であると捉えているからだろう。空虚なシニフィアンおよび等価性の連鎖をめぐる議論もまた、自由民主主義的な歴史の終わりを保証するものではなく。たえず非－民主主義的な諸帰結との緊張感を伴ったデモクラシーの理論化なのである。

（11）Jeremy Valentine, “Lefort and the Fate of Radical Democracy,” Martin Plot, (ed.), *Claude Lefort: Thinker of the Political*, New York: Palgrave, 2013, p. 203

（12）ルフォール『民主主義の発明』一四九頁。

（13）Oliver Marchart, *Post-Foundational Political Thought*, p. 106.

（14）ラクラウ『ポピュリズムの理性』二二八－二二九頁。

このように、ポスト基礎付け主義の政治思想は、基本的な方向性を共有しているとはいえ、その細かな戦略には多様な類型がありうる。いずれにせよ、ポスト基礎付け主義が狙うのは、仮初めの基礎付けの創設であり、同時に基礎付けの純粋化を警戒し、その不純さを維持することにあることはまちがいない。

さて、ポスト基礎付け主義のアキレス腱となるのは、暫定的な基礎付けであるはずのものが、容易に本質主義化しかねないということだ。いかにしてその仮初めの性格を維持できるだろうか。ここでは、ポスト基礎付け主義に相応しい基礎付けの存在論として、それを一箇の「擬制《フィクション》」と捉える戦略を提示してみたい。

三、……擬制としての基礎付け

ポスト基礎付け主義は、基礎付けの不完全性と偶発性の不断の可視化をその条件としている。しかしたとえば、ナショナリズムやネイションの神話がしばしばそうであるように、基礎付けは容易に物神化するだろう。それゆえ、ポスト基礎付け主義が挑戦するのは、社会を基礎付けると同時に、それが一時的な基礎付けに過ぎないことを認めるという逆説的な課題にほかならない。言いかえれば、いかにして私たちは、独断的な基礎付け主義に舞い戻ることなく、ある特定の規範を望ましいものとして提示できるだろうか。

ふたたびヘゲモニーが出発点になるだろう。ラディカル・デモクラシーの思想、ないしへゲモニーの理論がポスト基礎付け主義的であることは、前節で確認したとおりである。しかし、ラクラウのヘゲモニー論に対しては、それが本質主義を批判し、基礎付け主義を退けたことによって、かねてよりその「規範性の欠如」が指摘されてきた。つまり、私たちは基礎付けの存在を抜きにして、いかにあるヘゲモニー編成を望ましいと、そして別のヘゲモニー編成は望ましくないと語ることができるのだろうか。これは、あらゆるヘゲモニー編成が偶発的であるとすると、ヘゲモニーをめぐる闘争が、規範的に望ましい帰結（たとえば民主主義の深化やマイノリティの権利擁護）だけでなく、同時に規範的に望ましくないヘゲモニー的節合（たとえばレイシズムや排外主義に共鳴する極右ポピュリズム）にも権利上開かれてしまう、というすでによく知られた問題である。(15)

　ラクラウはこのような批判に対し、ある意味できわめて共同体主義的な回答をしている。すなわち、「倫理的な判断をする人物は決して抽象的な個人ではなく、すでに多くの諸原理や諸価値を信じているひとつの共同体の構成員」(16)であり、そのかぎりで、じっさいにはあらゆる言説の可能性が等価に開かれているわけではない。つまりヘゲモニー編成は多分に偶発的であるものの、それは「何でもあり《エニシング・ゴーズ》の政治」というわけではないのである。それは、共同体的なコンテクストに自ずと制約を受けており、したがって、たとえば現代の多くの社会において、あからさまなレイシズムやセクシズムを表明する言

（15）Simon Critchley, "Is There a Normative Deficit in the Theory of Hegemony?", *Laclau: A Critical Reader.*

（16）ラクラウ『現代革命の新たな考察』三六一頁。

説がヘゲモニーを握ることは、理論的に不可能でないにせよ、現実には考え難いということだ(17)。ラクラウはここで、固定した基礎付けがなくとも、ある言説を望ましい／望ましくないと判断する方途をかろうじて示している。ある箇所でラクラウ＝ムフがノーマン・ジェラスに応えて述べているように、ここでは「真実らしさ verisimilitude」こそが分水嶺となる。少々長くなるが、該当箇所を引用してみよう。

われわれの本質主義批判は、あるタイプの政治を他のタイプよりも好ましいとするためのあらゆる可能な基盤を取り去ってしまったのではないだろうか。すべては、われわれが「基礎付け」ということで理解しているものにかかっている。基礎付けの問題が、あるタイプの社会が他のものより好ましいと絶対的な確実性をもって決断できるということならば、その答えは否、つまりそのような基礎付けは存在しえないであろう。しかしながらそれは、政治的に推論したり、あるいは様々な理由からある政治的立場を他のものより好ましいとする可能性がないというわけではない。〔……〕というのも、ありうる選択肢のなかから真実らしいものを推論することはできるからだ(18)。

私たちは確かな基礎付けがなくても、何が望ましいかについて推論することはできる。

複数の選択肢のなかから、どれがもっとも「真実らしい」かを見定めることは不可能ではない。かつてハンナ・アレントは、政治的な領域においては、真理よりも意見が決定的であると述べたが、ここで「真実らしさ」とはむしろ、真理と意見のいずれでもない、いわばそれらの中間物であり、真理の外観はすぐれてヘゲモニーの産物である。引用を続けよう。

論争の余地のない結論にもとづく論証とは、討論することも観点のいかなる多様さも認めないものである。他方で、結論の真実らしさにもとづこうとする論証は、それが他の論証に言及する必要があるために本来的に多元的であって、そしてそのプロセスが本質的に開かれたものであるために、つねに抗争的で論駁可能性を抱えたものなのである。この意味で、真実らしさのロジックは本来的に公共的で民主主義的なのだ。(19)

(17) しかし、少し考えれば分かるように、そのようなことが必ず起こらないとは言えない。コンテクストもまた言説的な構築物である以上、緩やかに変化することもある。コンテクストそのものをめぐるヘゲモニー政治についての検討が別途必要になるのはこのためである。
(18) ラクラウ『現代革命の新たな考察』一九〇 - 一九一頁。
(19) ラクラウ『現代革命の新たな考察』一九〇 - 一九一頁。

真実らしさのロジックは、それが確実性にもとづく論証でない以上、「説得」のプロセスに密接にかかわっている。ラクラウのあるインタビューによれば、「説得が前提としているのは、アルゴリズム的な証明《デモンストレーション》は存在せず、あなたは単一の論理構造に合流することのない複数の論議《アーギュメンツ》と付き合う必要があるということです。しかし、それらの論議は提示された一連の行為について、真実らしさを創出するのです」[20]。説得の過程を通じて、ある一箇の（ないし複数の）構想が、真実らしさの外観をまとい普遍化される。しかしこの普遍性は、それがヘゲモニーによるものである以上、またしても他の構想による異議申し立てに曝されたままであろう。だからこそ真実らしさのロジックは「本来的に公共的で民主主義的」であるとされるのだ。

ラクラウ＝ムフのいう「真実らしさ」、そのマガイモノの基礎付けを「擬制論」として展開しているのがマーヴ・クックである。クックの論点は、ポスト基礎付け主義時代に特有のジレンマにかかわるものだ。すなわち、現代の批判理論が「善き社会 good society」の構想を提示するさい、その妥当性要求の歴史性と偶発性を非権威主義的な仕方で認めると同時に、いかにしてその妥当性を特定のコンテクストを越境して主張できるだろうか。そこでクックが持ち出すのが「擬制《フィクション》」の概念である。善き社会についての個別的な表象をフィクションと捉えることで、それはコンテクストを越境しうる妥当性要求を備えると同時に、その不完全さゆえに公的な討議に開かれたものになるのである[21]。

しかし、「善き社会」の構想ないし表象がフィクションであるとき、それは人びとを動機付けるのに十分なものだろうか。クックによれば、私たちがある構想や表象への支持を表明するのに、それがフィクションであることは大きな障碍にはならない。たとえば、クックがハンス・ファイインガー『かのようにの哲学 *The Philosophy of "As If"*』を参照しつつ議論しているように、私たちは文学的フィクションを読むとき、それが現実ではないからという理由で投げだしたりしないだろう。さらにフィクションは「仮説」とは違い、現実との不一致によって実践的な有用性が減じるものでもない。したがって、ある表象が人々を動機付けるか否かにおいて重要なのは、その存在論的な身分（フィクションか否か）よりもむしろ、説得力や正当化のほうである。クックはこう述べている。

要するに、私の議論は、統制的理念の、とりわけ善き社会についての表象の擬制的な身分は、私たちを動機付ける力とほとんど、あるいはまったく関係がないということだ。重要なのは、真実らしさの主張＝要求に成功することであり、つまり真理の外観を説得できるかということである。(22)

したがって決定的なのは、ある構想がフィクションか否かということではなく、超越

(20) Ernesto Laclau, "Politics, Polemics and Academics: An Interview by Paul Bowman", *Parallax*, 5:2.
(21) Maeve Cooke, *Re-Presenting the Good Society*, Cambridge: The MIT Press, 2006, pp. 5-6.
(22) Maeve Cooke, *Re-Presenting the Good Society*, p. 120.

的な倫理的対象とのつながりをどのように説得的に示すか、ということだ。この見方は、真実らしさのロジックが説得のプロセスにかかわっているとしたラクラウの議論と大いに重なるものだろう。

クックの議論は、基礎付けを擬制として捉えるという、ポスト基礎付け主義的な理路を開いている。基礎付けをフィクションとして理解できるとすれば、たとえば丸山眞男のような人物もまた、ポスト基礎付け主義的に読み直すこともできるだろう。よく知られているように、丸山は、政治における「擬制」の役割を鋭く見抜くことで、ある意味でポスト基礎付け主義的な問題関心を先取りしているのだ。

たとえば丸山は、かの有名な論考のなかで、制度を物神化し、主体的契機を欠落させた日本に対し、「作為」という近代的主体化のプロセスにおけるフィクションの意義を認めることで、宣長的な「自然」も、それを単に裏返しただけの主体性の称揚も、いずれの論理をも避けている。またほかの箇所では、「現代の日本に勧奨したいものはいろいろあるが、さしあたりここでは一つの「すすめ」を提唱したい」として、「偽善のすすめ」を説いている。丸山は、「偽善は善の規範意識の存在を前提とするから、そもそも善の意識のない状態にまさること万々だからである。動物には偽善はないし、神にも偽善はない。偽善こそ人間らしさ、もしくは人間臭さの表徴ではないか[23]」とし、政治的演技とからめつつ、偽善の実践的効用を認めていた[24]。

ところで、丸山にとって最大のフィクションはもちろん「戦後民主主義」である。しかし、民主主義を一箇のフィクションであると認めることは、その実現にむけた不断の努力と何ら矛盾するものではない。たとえば「大日本帝国の「実在」よりも戦後民主主義の虚妄の方に賭ける」というよく知られた文言を見てみよう。松田宏一郎によれば、ここで「虚妄」は“illusion”の訳語であったと推測できるものの、「ここでの「虚妄」は、丸山が「思惟方法」に組み込もうとしていた「フィクション」にオーヴァーラップさせていると考えるべき[25]」であるという。つまり戦後民主主義は、たとえそれが擬制であったとしても、「大日本帝国」よりはいくらかマシなものとして擁護できる。いうまでもなく、そのフィクション性の絶えざる自覚とともに——。

以上、本節では、ラクラウ＝ムフ、クック、丸山らの議論を手掛かりに、ポスト基礎付け主義における基礎付けの身分《ステータス》について議論してきた。繰り返せば、ここで基礎付けは絶対的な真実ではなく真実らしいものとして、かろうじて成立するものである。それでは、このような擬制としての基礎付けは、どのような民主主義の構想と相容れるだろうか。それは基礎付けを擬制として認めると同時に、その擬制を物神化しない両義的な

(23) 丸山眞男「偽善のすすめ」『丸山眞男集 第九巻 一九五一-一九六八』岩波書店、一九九六年、三二五頁。
(24) 丸山の「偽善のすすめ」から、政治における象徴（化）の役割を議論したものとしては、布施哲『希望の政治学——テロルか偽善か』（角川学芸出版、二〇〇八年）の第五章を参照のこと。
(25) 松田宏一郎『擬制の論理 自由の不安——近代日本政治思想論』慶應義塾大学出版会、二〇一六年、一六四頁。

態度を求めるものだろう。丸山の言葉で言えば、制度や規範のフィクションとしての側面を、フィクションと現実のあいだの鋭い緊張をいかにして自覚化するのか、ということだ。[26] この課題に応えるものこそ、アゴニズムの民主主義論なのである。

四、……アゴニズムとスタシス

ポスト基礎付け主義に相応しい民主主義論を検討するにあたって、ここではラクラウ＝ムフが、真実さのロジックについて、それが「本来的に多元的」であり、「つねに抗争的で論駁可能性を抱えたもの」としていたことを想起しよう。これこそまさにアゴニズムの論理にほかならない。

第二次世界大戦以後の民主主義論を大雑把に振り返るとすれば、「シュンペーター＝ダール枢軸」とも揶揄された集計的民主主義は、のちに参加民主主義の問題提起をうけ、その結果として、代表制民主主義の問題がつぶさに検討されることとなる。そのなかで、市民の積極的な政治参加を軸とした市民的共和主義が再評価され、同時に公共性論や市民社会論、およびシティズンシップの理論が並行して展開されたが、それらの議論の逢着先のひとつは、熟議か闘技かをめぐる論争、つまりデモクラシーにおいて合意と対立のどちらにウェイトを置くかということであった。

しかしこの論争は、闘技民主主義の問題提起をある程度吸収する仕方で、熟議民主主義の勝利に終わったように見える。つまり熟議はコンセンサスにむけた一方通行の対話ではなく、対立や反省を伴うより複雑なプロセスであると理解されるようになっている。そのうえ、熟議民主主義研究では、より望ましい熟議のための制度設計や、規範理論と経験的研究（実験）を組み合わせる試みも現れているのに対し、闘技民主主義の論点はほとんど変わっていないように思われるのだ。しかし、ここでやはり拘っておきたいことは、現代の自由民主主義体制においていかに両者が似通ってしまったとしても、アゴニズムはやはり熟議とは根本的に異なった政治経験と関心を反響させているということである。

アゴニズムは、多くの論者に共通しているように、多元主義への感性にもとづいて、私たちのもつ信念、価値観、アイデンティティをアゴーンの内外から問い直し、その偶発性を露わにする。エド・ウィンゲンバッハが正しく述べているように、「アゴニズムは存在論的な基礎付けの偶発性、ヘゲモニー的権力の逃れがたさ、主体性の構築されかつ状況づけられた性格、敵対性の不可避性、諸制度の重要性といった条件に相応しい政治の説明を提供してくれる」(27)ものなのだ。こうしたアゴニズムがみせる特徴は、基礎付

（26）丸山の次の一節を参照のこと。「フィクションとしての制度の自覚は、同時にフィクションと生の現実との間の鋭い分離と緊張の自覚でもあった〔……〕両者の二元的な緊張関係を論理化したものが、ほかでもない「自然状態」と国家状態との〔……〕関係づけであった」（丸山眞男『日本の思想』岩波書店、一九六一年、四三－四四頁）。

（27）Ed Wingenbach, *Institutionalizing Agonistic Democracy: Post-Foundationalism and Political Liberalism*, London: Routledge, 2011, p. 38.

けの物神化を予防するだろう。したがってポスト基礎付け主義の戦略とは、基礎付けを擬制《フィクション》と捉えることで、暫定的な基礎付けを確保すると同時に、その基礎付けをつねに論争に開いたものにしておくために、アゴニズムの民主主義によって多元主義と偶発性を可視化することである。

それでは、熟議民主主義との決定的な違いをどこに求められるだろうか。また、本章の冒頭で言及したアゴニズムの〝半端さ〟を、どのように擁護できるだろうか。それによると、アゴニズムは政策への志向性と実現性が弱く、かといって対立を強調するわりにラディカルな変革を目指すものでもないとして、きわめて中途半端な位置付けを与えられてきた。しかし、アゴニズムがラディカルな否定性の制度化であるとすればどうだろうか。これを見事に示す例として、アリストテレスが言及する「ソロンの法」をみてみよう。それは次のようなものだ。

> ソロンは国内にしばしば党争が起こるにもかかわらず市民の中には無関心から成行きに委せるのを好む者のあるのを見て取り、特にかかる人々に対する法を設け、国内に党争のあるとき両派のいずれかに与して武器を執ることのないものは市民たる名誉を喪失し国政に与り得ぬこととした(28)。

この法は、市民が内戦に参加しないことを禁じるものであり、どちらの側にもつかなかった者は市民権を剥奪された。アガンベンによれば、内戦に参加せずポリスから排除されることは、非政治的な状態へと追いやられること、オイコスへと周縁化されることに等しいという。つまり内戦《スタシス》は、何が政治的であり、何がそうでないかを規定する境界線として作用するのだ。

さらにアガンベンは、ニコル・ロローの『分断された都市』を分析しつつ、アテナイにおいて「大赦」がもった政治的意味に注意を促している。つまり、内戦に参加しないことが政治的に有罪とされたと同時に、内戦が終わったあとは、それについて忘却することが政治的な義務であったのだ。アガンベンはスタシスの意義をこう要約している。

スタシスは、非政治的なもの（オイコス）が政治的なものへと生成することを、また政治的なもの（ポリス）が非政治的なものへと生成することをしるしづける、都市と本質をともにする政治的パラダイムを構成する。そのかぎりにおいて、スタシスは忘れられたり抑圧されたりすることのできるような何かではない。それは、都市においてつねに可能的であるにとどまるべき、しかしながら訴訟や怨恨を通じて想起されてはならない、忘れられないものである。(29)

（28）アリストテレス「アテナイ人の国制」『アリストテレス全集一七』岩波書店、一九七二年、二七四頁。
（29）ジョルジョ・アガンベン『スタシス――政治的パラダイムとしての内戦』（高桑和巳訳）青土社、二〇一六年、四四‐四五頁。

スタシスは分断をしるし付けると同時に、想起されてはならないものであり、これが極端な敵対性からポリスを保護しつつ、調和の不可能性をも刻印している。こうした両義性は、ポリスにおける記憶の民主政治にも確認することができる。つまり、「忘却されると想定されているものは、忘却それ自体のプロセスにおいて、暦のなかの一日がなくなっていることがはっきり分かることによってマークされている」[30]のである。

本書のひとまずの終着点であるアゴニズムもまた、内戦《スタシス》の両義性を受け取っている。すなわち、アゴニズムは共同体に走る亀裂が取り返しのつかないものにならないよう抑制すると同時に、抗争と多元主義を鼓舞することで、敵対性の記憶を確かに保持している。言い換えればそれは、内戦《スタシス》の否定性をとどめつつ、〈最終的な合意の不可能性についてのみ合意する〉という、すぐれてポスト基礎付け的な政治的態度を示しているのだ。

さて、シャンタル・ムフが唱導する左派ポピュリズム戦略に一時的な有効性を認めるにしても、それが民主主義の未来にはなりえないことがいまや明らかだろう。右にせよ左にせよ、ユートピアへの約束によって人民を構築するポピュリズムに決定的に欠落しているのは、こうした逆説をともなった〈合意の不可能性についての合意〉にほかならない。ポピュリズムがつまるところ、たがいに敵を悪魔化し、既存のコンセンサスを別のコンセンサスによって置き換えようとするかぎり、その行方はやはり、基礎付け主義と反-基礎付け主義の二項対立に囚われるほかない。

私たちは、アゴニズムをポスト基礎付け主義の民主主義論として再評価した。その民主主義論が示すのは、中途半端さというよりもむしろ、象徴化不可能な否定性を象徴化しようとする、ある意味で根源的かつ不可能な身振りなのだろう。ポスト基礎付け主義というきわめて両義的かつ不安定な立場に踏みとどまるのは、煮え切ることのない、このような態度のみなのである。剥き出しのアンタゴニズムをもう一度アゴニズムの形式に昇華できるかどうか、これこそがポピュリズム〈以後〉を生きる私たちの挑戦なのである。

(30) スタヴラカキス『ラカニアン・レフト』三三八頁。

あとがき

南米の原住民が用いる矢毒に「クラーレ curare」というものがある。特定のつる植物の樹皮を煮詰めたもので、体内に入ると麻痺を引き起こす猛毒として狩猟で使用された。受容体に働き生理反応を阻害する物質のことを薬理学の分野では「アンタゴニスト（拮抗薬）」と言うが、クラーレは代表的なアンタゴニストとして知られる。

興味深いのは、筋肉を弛緩させ運動神経を麻痺させる作用をもつクラーレが、獲物を動けなくする毒物であるだけでなく、麻酔薬としても用いられることだ。したがって、クラーレにはパルマコンのような両義性がある。それは私たちの存在を危機にさらす毒であるが、同時に私たちの生命を生かすための薬にもなるというわけだ（ちなみに受容体に結合して、生体内の神経伝達物質やホルモンなどと同様の機能を示す薬物のことを「アゴニスト」という）。

こうしたクラーレの特徴は、本書の主題のひとつ「アンタゴニズム（敵対性）」の両義性をうまく表現している。アンタゴニズムとは社会を脅かすと同時に、社会とって構成的でもある特殊な外部のことであった。そのかぎりで、アンタゴニズムは社会にとっての何がしかの〈真理〉を表しており、だからこそ、これが民主主義の第一線の問題になるのである。

本書で議論したように、ポピュリズムはまさにこうしたアンタゴニズムの典型的な例である。右にせよ左にせよ、ポピュリズムが根本的な異議申し立てとして現れているが、しかし自由民主主義がポピュリズムの不穏さに頭を抱えつつも、それを最終的に追い払うことができないのは、まさにこの敵対関係の両義的な性格のためである。いくら私たちがポピュリズムを批判し、〝正常な〟自由民主主義への回帰を訴えたとしても、それが民主主義のひとつのバージョンであるかぎり、ポピュリズムは亡霊のように憑きまとうだろう。

とはいえ、アンタゴニズムの両義性は政治においてやはり不安定なものだ。政治がなにがしかの象徴化＝制度化を不可避的にともなうとすれば、アンタゴニズムのような強度の否定性は、政治の可能性よりもむしろ不可能性を告げるものだろう。政治空間がアンタゴニズムに引き裂かれたままではいかなる民主的なやりとりも成立しない、これこそ私たちがここしばらくの出来事から学んだことである。したがって、たとえ不完全であるにせよ、強度のアンタゴニズムを存在的な次元で受け止める、ポピュリズム〈以後〉の民主主義論が必要なのだ。

＊

本書『アンタゴニズムス――ポピュリズム〈以後〉の民主主義』は、おおよそ二〇一七年から二〇一九年にかけて、各媒体で執筆してきたものに加筆・修正し一冊にまとめたものである。おもな初出は以下の通りである。

はじめに　「批判なき時代の民主主義――なぜアンタゴニズムが問題なのか」『世界』（第九二八号）岩波書店、二〇一九年。

第一章　「New Reflections on Post-Marxism of Our Time――ポスト・マル

クス主義とは何か?」『唯物論研究年誌』(第二三号) 唯物論研究協会編、大月書店、二〇一八年。

第二章「ラディカル・デモクラシーと精神分析」『思想』(第一一三三号) 岩波書店、二〇一八年。

第三章「嫉妬・正義・民主主義」『ニュクス』(第四号) 堀之内出版、二〇一七年。

第四章「来たるべき公共性——アレントの身体とゾーエーの複数性」大賀哲+仁平典宏+山本圭編『共生社会の再構築——デモクラシーと境界線の再定位』法律文化社、二〇一九年。

第五章「とりあえず連帯すること」『現代思想』(第四七巻三号) 青土社、二〇一九年。

第六章「ポスト・ネイションの政治的紐帯のために」松本卓也+山本圭編『つながりの現代思想——社会的紐帯をめぐる哲学・政治・精神分析』明石書店、二〇一八年。

第七章「It's the Populism, Stupid!」『現代思想』(第四五巻一号) 青土社、二〇一七年。

——「ポピュリズム——左派ポピュリズムへの走書き」『現代思想』(第四七巻六号) 青土社、二〇一九年。

第八章 「アゴニズム再考――ポスト基礎付け主義と民主主義」田畑真一＋玉手慎太郎＋山本圭編『政治において正しいとはどういうことか――ポスト基礎付け主義と規範の行方』勁草書房、二〇一九年。

本書は、筆者にとって二冊目の単著となる。前著『不審者のデモクラシー――ラクラウの政治思想』（岩波書店、二〇一六年）では、エルネスト・ラクラウの思想に寄り添いつつ、「不審者」という妖しげな政治的主体による民主主義論を構想した。本書は、そこで扱うことができなかった多くの論点についてフォローするものであり、その意味で、前著の続き物という性格をもつ。

だが、まったく同じ関心の産物であるかというと、そうでもない。本書を構成する諸論文を執筆しているあいだ、ポピュリズムをめぐる言説状況にもいくらかの変化があった。たとえば、ポピュリズムを民主主義的に捉える議論は、かつてはいくらか挑発的なものであったが、いまやポピュリズム論のひとつの類型として認知されるようになっている。民主主義の根源化をめざす左派ポピュリズムの挑戦が、ひきつづき注意を払うべき動向であることはまちがいない。

しかし、宴には始末が付き物である。アゴニズムの再評価は、こうした状況と心境の変化が要請したものである。こうした結末は筆者にとってもやや思いがけないものであり、狐疑逡巡も一度や二度ではなかった。ただ、政治学と現代思想のあいだで仕事をしてきた者としては、ある意味でもっともな結論なのかもしれない、いまはそう居直るほかない。

本書の刊行にあたって、多くの方にお世話になった。各媒体にて執筆の機会を与えてくださった皆様に御礼申し上げる。また共和国の下平尾直氏には、編集作業で多大なご迷惑をかけたと思う。だが、共和国からようやく本を出版でき、「世界を書物でロマン化せよ」プロジェクトに加われたことは望外の喜びである。記して感謝したい。

なお、本書は立命館大学・学術図書出版推進プログラムの助成を受けることができた。審査にあたってくださった方々に心より御礼申し上げる。

二〇二〇年一月

山本圭

山本 圭
YAMAMOTO Kei

1981年、京都府に生まれる。
立命館大学法学部准教授。
専攻は、現代政治理論、民主主義論。
名古屋大学・大学院国際言語文化研究科単位取得退学、博士（学術）。

著書に、
『不審者のデモクラシー――ラクラウの政治思想』
（岩波書店、2016年）、

共編著に、
『政治において正しいとはどういうことか――ポスト基礎付け主義と規範の行方』
（勁草書房、2019）、
『〈つながり〉の現代思想――社会的紐帯をめぐる哲学・政治・精神分析』
（明石書店、2018）、
『ポスト代表制の政治学――デモクラシーの危機に抗して』
（ナカニシヤ出版、2015）、

訳書に、
シャンタル・ムフ『左派ポピュリズムのために』
（共訳、明石書店、2019）、
ヤニス・スタヴラカキス『ラカニアン・レフト――ラカン派精神分析と政治理論』
（共訳、岩波書店、2017）、
エルネスト・ラクラウ『現代革命の新たな考察』
（法政大学出版局、2014）、
などがある。

アンタゴニズムス　ポピュリズム〈以後〉の民主主義

二〇二〇年一月一五日初版第一刷印刷
二〇二〇年一月二〇日初版第一刷発行

著者……山本《やまもと》圭《けい》
発行者……下平尾直
発行所……株式会社 共和国 editorial republica co., ltd.
東京都東久留米市本町三-九-一-五〇三　郵便番号二〇三-〇〇五三
電話・ファクシミリ〇四二-四二〇-九九九七　郵便振替〇〇一二〇-八-三六〇一九六　http://www.ed-republica.com

印刷……モリモト印刷
ブックデザイン……宗利淳一
DTP……岡本十三

本書の内容およびデザイン等へのご意見やご感想は、以下のメールアドレスまでお願いいたします。

naovalis@gmail.com

ISBN978-4-907986-68-1　C0031